Feine Geheimnisse

Rezepte, Selber-G'machtes & G'schichten im Wandel der Jahreszeiten

Agnes Pfeiffenthaler

Redaktion & Herausgeberin
Agnes Pfeiffenthaler

Haftungsausschluss

Die in diesem Buch aufgeführten Rezepte für Heil- und Hausmittel entstammen der in Bayern beheimateten Volksheilkunde und sind mündlich überliefert. Sie wurden nach bestem Wissen und Gewissen ausprobiert und getestet.
Die Autoren möchten ausdrücklich darauf hinweisen, dass die Herstellung und der Gebrauch der vorgestellten Rezepte in der Eigenverantwortung jedes Einzelnen liegen.
Die Herausgeberin und die Autoren übernehmen keinerlei Haftung bei der Produktion und der Anwendung der hier angeführten Rezepturen.

Grafikdesign, Reproduktion & Illustration
KunstWerk – Markus Dahlenburg
www.kunstwerk-md.de

Druckproduktion
Rapp-Druck GmbH, Flintsbach a. Inn

1. Auflage November 2008
ISBN 978-3-98 12675-0-1

Almwiese im Spitzstein-Gebie

Rezept für liebevolles Kochen:

Versuchen Sie sich vor dem Kochen bereits in Gedanken auszumalen, wie gesund, fein und schön Ihr Essen schmecken und aussehen wird. Nehmen Sie beste Zutaten – möglichst aus Ihrer Umgebung.
Danken Sie dem Gemüse, den Kräutern und auch den Tieren, dass Sie von ihnen nehmen dürfen und dass sie sich für Ihr Wohlergehen hingeben.
Bitten Sie um Gesundheit und Vitalität für Sie und die Ihrigen.
Achten Sie gut auf Ihr Werkzeug, Ihr Geschirr und Ihren Herd.
Versuchen Sie in einer friedvollen, fröhlichen Atmosphäre und Stimmung zu kochen – dann wird alles gut und bekömmlich!

Alchemilla-Laden in Bad Feilnbach

„Auch das ist Kunst, ist Gottes Gabe,
sich aus sonnenhellen Tagen soviel Licht
ins Herz zu tragen,
dass wenn der Sommer längst verweht –
das Leuchten immer noch besteht!

(Johann Wolfgang von Goethe)

Es ist auch eine Freude, sich aus sonnenhellen Tagen so viele Früchte, Pflanzen und Kräuter ins Haus zu tragen, dass, wenn der Winter kommt, die leuchtenden Gläser mit den feinen Inhalten noch mal das Herz erwärmen – und man/frau sich gerne an die Sonnentage des Sommers erinnert.

Mit diesem Buch möchte ich Ihnen eine kleine Auswahl meiner Lieblingsrezepte, zusammengestellt in den vielen Jahren als Wirtin und Köchin, vorstellen. Es ist mir ein Herzensanliegen, unsere bairische Ess-Kultur zu pflegen und zu hüten – wobei ich schon auch mit der „Zeit" und dem „Zeitgeist" gehe, also auch neue, frische Aspekte einbringe.
Neben der bairisch geprägten Küche habe ich auch eine besondere Liebe zu Kräutern, Pflanzen und Bäumen entwickelt.

Eine Freude ist es mir, das Essen nach den Jahreszeiten zu richten. In meiner Kindheit war das Jahr geleitet vom „Kirchen-Jahr", das heißt, wir hatten unsere festen Feiertage, Namenstage, Rituale – und somit Struktur im Jahreskreis und Richtlinien. In der heutigen Zeit ist das etwas verloren gegangen. Deshalb finden Sie in diesem Buch neben Kochrezepten auch Gebete, Geschichten und Gedichte zu den Jahreszeiten, wichtige Feiertage, Ansätze und Hinweise auf Jahreskreisfeste, die schon in vorchristlicher Zeit von den Menschen begangen wurden.

Auch gibt's in diesem Buch einige sehr persönliche Geschichten und Kindheitserinnerungen … Ich wünsche Ihnen nun von ganzem Herzen viel Freude beim Lesen und Nachkochen!

Agnes Pfeiffenthaler, Bad Feilnbach im September 2008

Inhaltsverzeichnis

Frühling

S. 14 .... Gebete
S. 16 .... Bärlauch-Pesto
S. 16 .... Bärlauch-Paste
S. 16 .... Kas-Pressknödel mit Bärlauch
S. 17 .... Quark-Frischkäse-Dip
S. 17 .... Bärlauch-Käse-Spätzle
S. 17 .... Blattsalat mit frischen Wildkräutern
S. 19 .... Grüne Soße
S. 21 .... Radi – einmal anders
S. 21 .... Löwenzahnblüten-Sirup
S. 21 .... Zitronenmelissen-Sirup
S. 22 .... Neunkräuter-Suppe am Gründonnerstag
S. 22 .... Neunkräuter-Pfannkuchen
S. 24 .... Mangold-Lasagne mit Brennnesseln und Bärlauch
S. 27 .... Hollerblüten-Sirup
S. 27 .... Hollerblüten-Parfait
S. 28 .... Der Hollerbusch
S. 30 .... Elfenkette
S. 31 .... Hollerkiacherl

Sommer

S. 35 .... „Das Feuer“
S. 37 .... Oimsumma – d`Sehnsucht bleibt
S. 38 .... Der Beifuß
S. 43 .... Rosenblüten-Sirup
S. 43 .... Rosenbowle
S. 44 .... Rosenbowle ohne Alkohol
S. 44 .... Rosenzucker
S. 44 .... Rosen-Rosmarin-Salz mit Thymian
S. 44 .... Rosenplätzchen
S. 46 .... Die Heckenrose
S. 47 .... Lavendel-Duftspray
S. 49 .... Lavendelzucker
S. 49 .... Lavendelguss
S. 49 .... Lavendelblüten-Sirup
S. 52 .... Johanniskrautöl
S. 55 .... Kräuter-Duftkissen
S. 55 .... Badesalz
S. 56 .... Grüner Walnusslikör „Nusser“
S. 61 .... Ringelblume / Calendula
S. 61 .... Ringelblumensalbe
S. 62 .... Hollersaft
S. 62 .... Hollerlikör
S. 65 .... Hollatauch (Holunderbeeren-Kompott)
S. 66 .... Leberknödel mit Quendel und Dost

Herbst

S. 71 .... Lebenselixier Wasser
S. 74 .... Pfeiffenthaler's Kürbissuppe
S. 74 .... Kürbis-Strudl
S. 77 .... Kürbiskern-Käse-Ecken
S. 78 .... Rezept einer besonderen Freundschaft
S. 80 .... Der Frauenmantel

S. 84 .... Brombeer-Essig
S. 85 .... Striezl
S. 85 .... Schneeballen
S. 89 .... Sherrysenf
S. 89 .... Bayrischer Weißwurstsenf
S. 89 .... Feigensenf

Winter
S. 94 .... Schamanischer Krafttrunk
S. 96 .... Hirschkalbsbraten
S. 96 .... Brezenknödel
S. 98 .... Das ausgeblasene Licht
S. 103 .... Perchta Punsch
S. 103 .... Walnuss-Torte
S. 104 .... Rauhnächte
S. 106 .... Konnie`s Bratapfelkuchen
S. 106 .... Bratapfel-Likör
S. 108 .... Schokoladenbrot
S. 109 .... I drah no durch!
S. 110 .... Gini`s Apfelbrot
S. 112 .... Schlussworte
S. 115 .... Weibamarkt
S. 116 .... Rita
S. 120 .... Der Laden Alchemilla
S. 123 .... Das Gasthaus Pfeiffenthaler
S. 124 .... Gebet
S. 126 .... Zum Weiterlesen/Quellenangaben

Unsere Katze Emelie

Frühling

Das Frühjahr ist im Jahresrad dem Osten zugeordnet und damit dem Neubeginn, dem Anfang, dem Morgen, dem Verstand und dem Element Luft. Das erste laue „Frühlings-Lüfterl“ regt sich und lockt die Menschen wieder aus den Häusern.

Im Osten finden wir den Erzengel Raphael mit seiner Heil-Energie, die Göttin Ostara, das Osterfest wird gefeiert. Die Göttin Demeter kehrt aus der Unterwelt *(oder dem Winter)* zurück.

Es ist auch das Erwachen der Erde, die ersten Pflanzen treiben aus, die Tiere beenden ihren Winterschlaf, die Vögel wecken uns mit ihrem Gesang.

Die Farben des Frühjahrs sind hellgrün, hellgelb, weiß ...

Die Pflanzen, die wir uns nun anschauen wollen sind der Bärlauch und der Löwenzahn, sowie die Brennnessel.

Frühjahrs-Gartengemüse sind: Frühlingszwiebeln, Spinat, Mangold, Blattsalate, Spargel uvm.

Element Luft

Manchmal bin ich die Luft
Sehne mich nach Freiheit
Entschwebe voller Leichtigkeit
Bin Vogel und Wind zugleich.

Heißluft-Ballon im Morgenhimm

Meine Heimat Bad Feilnbach liegt eingebettet zwischen vielen Obstgärten am Fuße des Wendelsteins.

Zusammen mit meiner Familie bin ich auf einem wunderschönen Bauernhof an einer großen Streuobstwiese aufgewachsen.
Im Frühjahr waren wir umgeben von blühenden Bäumen auf dottergelben Wiesen, im Herbst gab es reichlich Ernte.
Die vitaminreichen Äpfel wurden damals vornehmlich zur Schnapsherstellung verwendet, da es gerade „schick" war die schönen grünen Äpfel aus dem Supermarkt zu kaufen.

Bedingt durch die damaligen Absatzschwierigkeiten benutzten die Bauern, ebenso wie meine Eltern, keine Spritz- und Düngemittel für die Obstgärten. Meines Wissens nach wird dies bis heute beibehalten. Anfang der 90 er Jahre hatten einige Bad Feilnbacher Bürger die Idee einen Apfelmarkt zu organisieren – und, den Leuten sei Dank, damit begann die Wertschätzung unseres Obstes weit über die Landkreisgrenzen hinaus.

Momentan gibt es etwa 30 000 Obstbäume in unserer Gegend und für den Verkauf auf dem Bad Feilnbacher Apfelmarkt stehen etwa 30 Tonnen feinstes Obst zur Verfügung.

pfelblüte in meinem Garten

Gebete

In meiner Kindheit war es üblich, vor und nach dem Essen die Speisen zu segnen und für den reich gedeckten Tisch zu danken. Hier ein paar Gebete, wie sie meine Mutter wusste!

Tischgebet zu Mittag:

O Gott, von dem wir alles haben – wir preisen Dich für Deine Gaben.
Du speisest uns, weil Du uns liebst, drum segne auch, was Du uns gibst.

Nach dem Essen:

O Gott, Dir sei für Speis und Trank,
für alles Gute, Lob und Dank.
Du gabst und wirst uns immer geben,
Dich preisen wir, unser ganzes Leben.

Das kürzeste Tischgebet das ich kenne ist von meiner Freundin Marosi, erdacht in ihrer Zeit im Mädchen-Internat:

Dank – für Speis und Trank!

Buchenhain bei Irschenber

Bärlauch-Pesto

(wenn nicht anders beschrieben, sind alle Rezepte für 4 Personen ausgerichtet)

2 Handvoll frischen Bärlauch
2 Esslöffel Olivenöl, extra vergine
1 gestrichener Teelöffel Salz (Steinsalz oder Himalaya-Salz)
1 Esslöffel Parmesan
1 Esslöffel geschälte Mandeln oder Pinienkerne

• Am besten geht's in der Küchenmaschine (oder im „*Thermomix*"): Öl, Salz und Bärlauch zerkleinern, Parmesan und Nüsse dazu geben.
• Die Pestomasse in ein Schraubglas füllen, mit Öl bedecken und kalt aufbewahren.
• Schmeckt sehr gut zu Nudeln, in Salatsaucen oder vermischt mit Frischkäse oder Topfen als Brotaufstrich oder zu neuen Kartoffeln in der Schale.

Bärlauch-Paste

2 Handvoll frischen Bärlauch
2 Esslöffel Olivenöl, extra vergine
1 gestrichener Teelöffel Salz (Steinsalz oder Himalaya-Salz)

Zubereitung: siehe Bärlauch-Pesto

Kas-Pressknödel mit Bärlauch

Dazu nehmen wir Bärlauch-Paste *(Bärlauch, Salz und Olivenöl)* ohne Nüsse und Parmesan.

Semmelknödelteig herstellen:
10 altbackene Semmeln
1/8 l heisse Milch, 4 Eier
100 g Bärlauch-Paste
100 g Bergkäse, klein geschnitten

• Die Semmeln klein schneiden, in eine Schüssel geben, dann die Eier dazugeben und mit der warmen Milch übergießen.
• Mit Salz, Pfeffer, Muskat etwas Petersilie und 100 g Bärlauchpaste durchmengen und abschmecken.
• Aus der Knödelmasse mit den Händen runde Knödel formen, flachdrücken und in wenig Öl braten; **oder:**
• die Masse in eine Stoffserviette geben und wie eine Wurst einrollen, die Enden mit einem Bindfaden zubinden.
• Im Wasserbad köcheln lassen.
Garzeit ca. 15 min.
• Anschließend die Rolle in Scheiben schneiden und diese in Öl anbraten.
Dazu schmeckt sehr gut ein:
Quark-Frischkäse-Dip

Bärlauch (Allium ursinum)

Quark-Frischkäse-Dip

250 g Quark
1 großer Teelöffel Bärlauch-Pesto
1 Esslöffel Sahne
Pfeffer, Salz nach Geschmack und viel frischer Schnittlauch

• Alle Zutaten miteinander verrühren.
Der Aufstrich schmeckt besonders gut zu frischem Bauernbrot und zu neuen Kartoffeln.

Bärlauch-Käse-Spätzle

500 g Mehl
¼ Teelöffel Salz
etwas Muskat
4 Eier
3/8 l Wasser
1 großer Esslöffel Bärlauch-Paste oder auch Pesto.

• Alle Zutaten locker vermischen, den Teig gut abschlagen.
• Mit dem Spätzlehobel in kochendes Salzwasser reiben, gut aufkochen lassen und mit dem Schaumlöffel aus dem Wasser sofort in eine Schüssel mit kaltem Wasser schöpfen.
• Die Spätzle abseihen und, falls sie nicht sofort verarbeitet werden, mit etwas Öl und abgedeckt kühl aufbewahren.
• *1 Esslöffel Öl oder Butter* in der Pfanne erhitzen
• *1 Zwiebel* feingeschnitten darin andünsten
• *Spätzle* dazugeben
• *100-180 g Bergkäse* kleingerieben darüberstreuen, alles gut durchrühren und nach Geschmack mit Salz, Pfeffer und frischem Bärlauch servieren.

Sehr gut schmeckt dazu ein

Blattsalat mit frischen Wildkräutern

1 Kopfsalat gewaschen
1 Handvoll frischer Wildkräuter (je nach Jahreszeit Löwenzahnblätter, Gierschblätter, Gänseblümchen mit Blättchen, Gundelrebe, Taubnessel, Brennnessel, Bärlauch, Spitzwegerich, Schafgarbe etc.)

• *1 Esslöffel Honig* mit *1 Esslöffel warmen Wasser* gut verrühren.
• *3 Esslöffel weißen Balsamico-Essig* dazu rühren, (gerne etwas *Bärlauch-Paste oder Bärlauch-Salz*)
Salz, Pfeffer
gutes Oliven- oder Sonnenblumenöl nach Geschmack.

Grüne Soße
von Gabi Hinterseer

… sie besteht mindestens aus sieben Kräutern!
Wahlweise jeweils eine gute Handvoll:

Petersilie
Schnittlauch
Sauerampfer
Kerbel
Pimpernelle
Borretsch
Liebstöckel (etwas weniger davon)
Zitronenmelisse
Estragon
und etwas Dill
1 Becher Schmand
2 Becher Sauerrahm
1 Becher Naturjoghurt
2 Esslöffel Raps – oder Sonnenblumenöl
ein Schuss Essig
Salz, Pfeffer
4 – 6 hart gekochte Eier

• Die Kräuter fein hacken und mit den Milchprodukten, sowie dem Öl und dem Essig glatt rühren. Die klein geschnittenen Eier dazumischen.
• Schmeckt sehr gut zu Neuen Kartoffeln aber auch zu Sülze und Tafelspitz.
• Diese Soße ist ein Kraft-Mix, besonders mit den frischen Frühlingskräutern.

Löwenzahn

von Jutta Wendland-Hüsing

Wer kennt sie nicht, die dottergelbe „Pusteblume“ vom glückseligen Spiel als Kind mit den „luftigen Sonnen“ auf der Wiese! Er ist das reinste Energiebündel mit seinen Bitterstoffen, Vitaminen und Mineralien und wird nicht von ungefähr auch als „heimischer Ginseng“ bezeichnet. Schon Pfarrer Kneipp fand ihn *„der Gesundheit sehr zuträglich“* und verwendete ihn zur Stoffwechselanregung.

Von „Kopf bis Fuß“ können wir den Löwenzahn mit seinen Blüten, Blättern und Wurzeln nutzen – sowohl in der Hausapotheke als auch im Reich der Küche.

Radi – einmal anders

von Jutta Wendland-Hüsing

• Die Wurzeln des Löwenzahns gründlich reinigen und in dünne Scheiben schneiden.
• Mit Salz bestreuen.
Wer es nicht so bitter mag, lässt das Ganze einige Zeit „rasten“.
• Ein gutes Vollkornbrot mit Butter bestreichen und die „Radischeiben“ dazu – oder darauf – genießen!

Löwenzahnblüten-Sirup

40 – 50 voll erblühte Löwenzahnblütenköpfe
2 Liter Wasser
50 g Zitronensäure
3 unbehandelte Zitronen in Scheiben
2 kg Rohrohrzucker

• Die Blütenköpfe mit Wasser, Zitronensäure und den Zitronen vermischen.
• 24 Stunden stehen lassen, anschließend abseihen und mit dem Zucker verrühren.
• In saubere Flaschen randvoll füllen, verschließen und kühl aufbewahren.
• Der Sirup hält gekühlt 4 – 6 Wochen.
• Wer den Sirup länger genießen möchte, kann ihn auch in Eiswürfelbeutel füllen und einfrieren.
• Dieser Sirup schmeckt gut in Wasser als Schorle oder als Aperitif mit Prosecco, Sekt bzw. mit trockenem Weißwein.

Zitronenmelissen-Sirup

statt Löwenzahnblüten können sie auch ca. 10 Zitronenmelisse-Zweige nehmen.

öwenzahn (Taraxacum officinale)

„Karfreitags-Brauch"

Laut unserer polnisch abstammenden Köchin Konnie gehen in Polen die Familien heute noch am Karfreitags-Morgen an einen Bach oder Fluss und waschen sich mit dem frischen Wasser. Sie bitten damit um Gesundheit für das ganze Jahr.

Ich gehe am Gründonnerstag-Abend mit einem großen Leinentuch in den Garten, lege es breit aus und hole es am Karfreitag ganz früh nach dem Aufstehen von der Wiese, um mich damit noch bettwarm abzureiben. Es hat dieselbe Wirkung und wer mich kennt, weiß, ich erfreue mich seit Jahren bester Gesundheit!

Neunkräuter-Suppe am Gründonnerstag

(mancherorts werden auch 7 Kräuter verwendet)

9 verschiedene Wildkräuter oder auch gemischt mit den ersten Gartenkräutern *(Bärlauch, Löwenzahn, Gänseblümchen-Blüten und -Blätter, Brennnessel, Taubnessel, Giersch, Gundelrebe, Wegerich, Brunnenkresse – und/oder dazu Kerbel, Petersilie, Kresse, Spinat)*
1–2 Handvoll Kräuter fein gehackt
1 Zwiebel
1 Esslöffel (etwa 30g) Butter
1 Esslöffel (etwa 30g) Mehl
1 ¼ l Brühe
Salz, Pfeffer nach Geschmack
½ Becher Sahne nach Belieben

Die gehackte Zwiebel mit den Kräutern in Butter leicht anschmelzen, mit Mehl bestäuben und mit der Brühe aufgießen. Würzen nach Geschmack und mit etwas Sahne abschmecken. Mit ein paar Kräuterstreifen und Gänseblümchenblüten servieren.

Neunkräuter-Pfannkuchen

9 verschiedene Wildkräuter (Bärlauch, Löwenzahn, Gundelrebe, Brennnessel, Taubnessel, Gänseblümchen-Blüten und -Blätter, Spitzwegerich, Schafgarbe, Giersch)

Es können auch einige Gartenkräuter dazugemischt werden:

Schnittlauch, Petersilie, Kapuzinerkresse, Kerbel, Rukula etc.
175 g Dinkelmehl
1/8 l Milch
2 Eier
Salz, abgeriebene Muskatnuss
1 Schuss Olivenöl
30 g geriebener Bergkäse
Butter oder Öl zum Ausbacken

Die Kräuter verlesen, bei Bedarf waschen, fein wiegen.

• Die Hälfte der Kräuter mit dem Olivenöl und etwas Salz mit dem Mixstab zu einer feinen Paste vermischen.

• Das Mehl in eine Schüssel sieben und mit der Milch, der Kräuterpaste, den Eiern und der Muskatnuss zu einem glatten Teig verrühren.

• In einer Pfanne Butter oder Öl erhitzen und darin Pfannkuchen ausbacken.

• Den Pfannkuchen mit den restlichen Kräutern und dem Bergkäse bestreuen, zusammenklappen und mit einem schönen bunten Salat servieren.

Mangold-Lasagne mit Brennnesseln und Bärlauch

1 kg Mangoldblätter, ersatzweise frischer Spinat
1 Bund Bärlauch
1 Bund Brennnesseln (mit einem Nudelholz kurz durchwalken, dann brennen sie nicht mehr!)
1 Packung Lasagneblätter
300 g Bergkäse in Scheiben
1 Zwiebel (in feine Würfel geschnitten)
2 Knoblauchzehen (zerdrückt und fein geschnitten)
250 ml Schlagrahm
400 ml Milch
1 – 2 Eier
Salz, Pfeffer, Muskat,
etwas Butter

• Den Mangold, den Bärlauch und die Brennnesseln waschen, die harten Stiele entfernen, grob zerkleinern und kurz, ca. 2 Minuten in kochendem Salzwasser blanchieren.

• Die Blätter tropfnass abschöpfen.
Das ist wichtig, damit die Lasagne saftig wird!

• In einem großen Topf etwas Butter erhitzen, die Zwiebel und den Knoblauch andünsten, den Mangold, den Bärlauch und die Brennnesseln zugeben und mit Pfeffer, Muskat und Salz würzen.

• Eine Raine oder Auflaufform abwechselnd mit Lasagneblättern, Mangold-Bärlauch-Brennnesseln und Käse schichtweise auslegen.

• Die Milch und den Schlagrahm mit den Eiern verquirlen und über die Lasagne gießen.

• Die Lasagne bei 200 Grad im Backofen etwa 45 bis 50 Minuten garen.

Brennnessel (Urtica dioic

Der Holunder *(Sambucos nigra)*

Der Holunderbaum war früher an jedem Haus zu finden. Er galt als ganz wichtiger Schutzbaum. Im Hollerbaum ist auch der Sitz der Percht, der Frau Holle und unserer Ahnen. Im Englischen heißt der Holunderbaum „eldertree" – der Ahnenbaum.

Frühen Erzählungen nach zog Mann vor dem Holler den Hut – was eine Verehrung der Pflanze aufgrund seiner Heilkräfte war.

Geomanten und Gaiamanten sagen, der Hollerbaum entstöre Wasseradern und schwierige Schwingungen im Umkreis von 100 Metern.

Dazu gibt es viel weiterführende Literatur (siehe Anhang).

In unserem Garten vermehrt sich der Holunder ständig – inzwischen sind es schon acht große Bäume und zahlreiche kleine Schösslinge.

Nun wollen wir mit Holunder kochen, denn er schmeckt uns einfach gut, ist gesund und sehr vielseitig in der Frühsommerküche verwendbar.

Hollerblüten-Sirup

20 Holunderblüten-Dolden (bei trockenem Wetter ernten, damit viel Blütenstaub an den Dolden hängt)
2 Liter Wasser (abgekocht)
50 g Zitronensäure
3 ungespritzte Zitronen in Scheiben geschnitten
2 kg Rohrohrzucker

Die Hollerblüten vorsichtig ausschütteln und gut durchschauen, denn auch manch kleinen Tierchen lieben die duftenden Blüten.

• Die Blütendolden in zwei Liter abgekochtes Wasser in einem Porzellan- oder Glasgefäß einlegen, Zitronensäure und Zitronenscheiben dazugeben und mindestens 24 Std. zugedeckt kühl stellen.

• Danach die Blüten und Zitronenscheiben abseihen und den Zucker einrühren.

• Wenn der Zucker aufgelöst ist, den fertigen Sirup in ausgekochte Saftflaschen randvoll einfüllen und verschließen. Den Sirup unbedingt kühl aufbewahren, dann hält er sogar bis zum „Perchta Punsch" in der Weihnachtszeit!

• Den Blütensirup verwenden wir beim Pfeiffenthaler zum „Hollerkracherl", zu hochdeutsch: zur Holunderschorle (Sirup mit Wasser gemischt), als Aperitif, zum Sekt und auch in der Weinschorle schmeckt ein Spritzer ganz fein.

Hollerblüten-Parfait

(für 8 Personen)

4 Eigelbe
1 Tasse Zucker
1 l geschlagene Sahne
200 ml Hollerblüten-Sirup
4 cl Cointreau

• Die Eigelbe mit dem Zucker vermischen und mit einem Schneebesen kräftig durchrühren.

• Die Zucker-Eigelb-Masse in einer Schüssel über heißem Wasserdampf schaumig schlagen. Wenn die Masse fast weiß und dickflüssig ist, vom Herd nehmen und den Hollerblütensirup und den Cointreau langsam unterziehen.

• Danach die geschlagene Sahne vorsichtig unterheben.

• Eine Kastenform mit Klarsichtfolie ausschlagen und die Creme einfüllen.

• Die Form mit Folie umhüllen und mindestens für 24 Stunden im Gefrierschrank kühlen.

• Zum Anrichten das Parfait aus der Form nehmen, in Scheiben schneiden, die Scheiben nochmals in Dreiecke schneiden und auf einem Fruchtmark aus pürierten Erdbeeren anrichten.

• Mit frischen Früchten und einem Hauch frisch geraspelter Schokolade verzieren.

Was nicht sofort verzehrt wird, hält sich im Gefrierschrank ca. zwei Monate.

Der Hollerbusch und warum man seinen Hut davor ziehen sollte *von Simone Conen*

Vor langer, langer Zeit lebte ein armer Bauer mit seiner Frau und Tochter in einem kleinen Dorf.
Er hatte drei große Holunderbüsche vor seinem Haus stehen. Eines Tages stand er davor und betrachtete einen dieser Büsche. Da fiel ihm auf, dass die Zweige sich bewegten, obwohl es windstill war. Er konnte nicht sehen, dass auf diesen Zweigen viele kleine Feen und Elfen standen und saßen und ihn ebenso betrachteten. Nachdem der Bauer weiterhin die wippenden Äste ansah, beschlossen die Feen und Elfen, ihm einen Streich zu spielen.
Sie riefen die Libelle und baten sie, dem Bauern den Hut vom Kopf zu stoßen. Die Libelle flog von hinten an den Bauern und stieß ihm den Hut von unten kommend, von seinem Kopf. Der Hut fiel auf den Boden, der Bauer bückte sich, nahm den Hut und setzte sich ihn wieder auf. Die Feen und Elfen hüpften vor Freude in den Ästen auf und ab. Dies wiederum bemerkte der Bauer, an den Ästen, die jetzt heftiger wippten. Erstaunt hob er wieder den Hut zum Gruße und verneigte sich vor dem Baum. Das wurde von den Feen und Elfen wiederum mit sehr viel Freude aufgenommen.

Von nun an hob der Bauer, immer wenn er am Hollerbusch vorbeikam, seinen Hut zum Gruße, was ihm mit einem Wippen der Äste beantwortet wurde. Bald grüßten auch seine Frau und seine Tochter den Holunder. Die Hollerbüsche wurden ihnen so vertraut, dass sie eine Bank unter den größten Busch stellten und viel freie Zeit dort verbrachten.

Im Frühjahr saß die Frau des Bauern träumend unter dem blühenden Busch, als Unmengen von Blüten auf sie herabrieselten. Die Frau hielt ihre Hände auf und im Nu waren beide Hände voll von Blüten und sie dachte sich, diese wunderschönen kleinen Blüten würden sich wunderbar im Apfelgelee machen. Gesagt, getan, sie hatte noch Apfelsaft vom letzten Jahr, kochte diesen ein, streute die Blüten hinein, und fertig war das Apfelhollergelee, das sie dann auf dem Markt verkaufte.

Ein anderes Mal saß die Tochter des Bauern unter dem Hollerbusch und nähte einen Flicken auf ihr Kleid. Auch sie wurde von den Elfen und Feen mit den Blüten berieselt. In Gedanken versunken pickte sie die Blüten mit ihrer Nadel auf, schob sie auf den Faden und eine wunderbare Kette entstand. Bald wollten auch die anderen Mädchen des Dorfes solche Elfenketten haben. Das Mädchen bastelte noch viele Ketten und während sie die Blüten auf den Faden zog, kamen ihr weitere Ideen, was sie aus dem Material des Holunderbusches noch basteln konnte: Bärenkrallenketten, Pfeifen, Blasrohre, kleine Holzpuppen, viele kleine Dinge, die sie dann mit ihrer Mutter auf dem Markt verkaufen konnte.

Zum Dank brachte sie dem Holunderbusch immer eine Kleinigkeit mit, die sie dann unter ihn legte. Diese Dinge verschwanden regelmäßig und sie dachte es wären die Vögel und Mäuse, die sich damit vergnügten aber es waren die Feen und Elfen, die sich über die Gaben des Mädchens sehr freuten.
Dem Bauern aber, der nach wie vor seine Freude daran hatte, den Hollerbusch zu grüßen, gelang seine Arbeit immer besser. Obwohl er nicht viel und kein gutes Land hatte, wuchsen seine Rüben, Kartoffeln und Getreide gut und sein Vieh gedieh prächtig.

Das bemerkten auch die anderen Bauern, die seine Ernte auf dem Markt bewunderten.
Der Bauer erzählte davon, dass er nun täglich seine Hollerbüsche grüße und dass einer davon ihn immer zurück grüße. Seit er das täte, würde ihm auf dem Hof alles gelingen, was er anpackte.
Die verwunderten Bauern probierten aus, was sie gehört hatten und siehe da, einige von ihnen hatten auch einen Holunderbusch der zurückgrüßte. Andere Bauern, die keinen Holunder an ihrem Hof hatten, pflanzten sich einen und hegten und pflegten ihn. Bald waren alle Menschen in diesem Dorf wohlhabend, kreativ und erfinderisch, sie waren freundlich und friedlich zueinander und wenn sie nicht gestorben sind, so sind sie es noch heute.

Elfenkette *von Simone Conen*

Basteln einer Elfenkette:

• Wenn die weißen Blüten von den Büschen rieseln, nehmen Sie und Ihre Kinder Nadeln mit Faden und sammeln die Blüten damit auf. Sie haben in der Mitte ein Loch, in das die Nadel gestochen werden kann.
• Ziehen Sie die Blüten auf den Faden bis dieser voller Blüten ist.
• Nun wird die Kette zum Trocknen an zwei Nadeln waagrecht an die Wand geheftet.
• Nach einer Woche ist die Elfenkette fertig zum Tragen.

Viel Spaß dabei!

Hollerkiacherl

(Holunderblüten in Pfannkuchenteig ausgebacken)
pro Person rechnet man als Dessert
1-2 Hollerblüten-Dolden.

Feinen Pfannkuchenteig herstellen aus:

175 g Dinkelmehl
1/8 l Bier oder Milch
1 Prise Salz
3 Eier

• Die Blütendolden mehrmals durch den Pfannkuchenteig ziehen und sofort in heißem Fett goldgelb ausbacken.
• Auf Küchenkrepp abtropfen lassen.
• Mit Puderzucker oder Zimtzucker bestreut, sind sie eine Köstlichkeit.
• Wenn im August der Holunder reif wird, dann ist Zeit für die Ernte. Einen Teil sollten wir aber auch für die Vögel stehen lassen!

Sommer

Der Sommer steht im Jahreslauf im Süden, dort findet sich auch das Feuer, der Geist, Mittag, Wärme, Hitze, Leidenschaft, Liebe, Glut, Lebensenergie, Kraft, Mut, der Erzengel Michael mit dem Flammenschwert, die Göttin Artemis *(griechische Göttin der Fruchtbarkeit und der Jagd)*, die Hl. Margarete mit dem Drachen, Mars – der Donner-Gott, der den Blitzhammer schwingt *(Sommergewitter!)*

Die Farben sind rot, orange, sonnengelb...
Sommer-Gartengemüse sind: Gurken *(sie wirken kühlend auf unseren Körper)*, Kohlrabi, Kopfsalate, Radieserl, Radi *(Rettich)*, Tomaten, Paprikaschoten, Chilischoten uvm.
Rote Beeren wie Johannisbeeren, Erdbeeren, Himbeeren. Kirschen, Mirabellen ...

Almwiese unterhalb des Wendelstei

Element Feuer

Sonnwendfeuer 2008

Manchmal bin ich das Feuer
Sehne mich nach Leidenschaft
Verbrenne wild die Schranken
Bin Kraft und Schmerz zugleich.

„Das Feuer"
von James Krüss (Auszug)

Hörst du, wie die Flammen flüstern,
knicken, knacken, krachen, knistern
wie das Feuer rauscht und saust?
Brodelt, brutzelt, brennt und braust?
Siehst du, wie die Flammen lecken,
züngeln und die Zunge blecken,
wie das Feuer tanzt und zuckt,
trockne Hölzer schlingt und schluckt?
Fühlst du, wie die Flammen schwärmen,
Glut aushauchen, wohlig wärmen,
wie das Feuer, flackrig – wild,
dich in warme Wellen hüllt.

Oimsumma
d`Sehnsucht bleibt
von Maria M. Widmann

Schee is, wenn i vor da Hüttn sitz
und d`Sun scheint auf mei Haut,
des Rauschn von de Baam,
des plätschern vom Bachal
is mia so vertraut.

D`Impn, d`Wepsn und d`Schmetterling
flattern hin und her,
war i blos a so a Bienal,
so leicht und unbeschwert.

Kannt d`Oim und d`Berg vo ganz obn saing,
mei des waar ganz gwiss schee,
blos ohne Flügal kon i ned fliang,
kon nur auf da Erdn geh.

Ja so sicht a jedes Lebewesn
d` Welt von am andern Platz
und grod diese Vielfalt
is unser größter Schatz.

D'Sun gäd unter auf da Oim
und Zeit weads zum Schloffn geh,
i draam vom Fliagn und bin ganz seelig
und moing wea i aufn Gipfe geh.

S`Viech versorgn, zainer, miaddn
kasn und buddan des g`hört ois dazua,
singa, Musi macha und hoagaschtn
und de himmlische Ruah.

Boid is da Summa wieda umma
und s'Lab foid vo de Baam,
na schneibts und d`Viecha miassn obe
dann hock i dahoam und draam.

Vom naxtn Summa
wenns wieda nauf treibn auf d`Oima
und i dro loan am Oimgartnzaun,
zwischn de Kaibe, Kia und Koima.

Der Beifuß *(Artemisia vulgaris)*

von Simone Conen

„Erinnerst du dich, Beifuß, was du verkündest,
Was du anordnest in feierlicher Kundgebung,
Una heißt du, das älteste der Kräuter,
Du hast Macht gegen drei und gegen dreißig,
Du hast Macht gegen Gift und Ansteckung,
Du hast Macht gegen das Übel, das über das Land dahinfährt.“
(Aus einem angelsächsischen Neunkräutersegen, im 11. Jh)

Der Beifuß hat, einen Wandel durch die Epochen erlebt, indem er den verschiedenen Göttinnen zur Verehrung dargebracht wurde. Er wird für viele Frauenleiden empfohlen, vor allem zur Unterstützung bei der Geburt.

Der Beifuß ist eine Pflanze, die im Menschen die Wärmeregulierung anregt, egal ob als Tee, Tinktur oder als Räucherwerk angewandt.

Die Kelten nannten den Beifuß „Mugwurz“, was soviel bedeutet, wie wärmen, kräftigen. Der Beifuß diente als Gürtel gebunden, dem Träger zum Schutz und zur Erhaltung von Kraft und Gesundheit.

Der Beifuß empfiehlt sich als Kraut für die Wanderer, unterwegs gepflückt, stärkt und belebt er abends die müden Beine. Hier nutzt man ein kaltes Beifuß-Fußbad. Bei dem typischen Frauenleiden der „ständig kalten Füße“, hilft dann das warme Beifuß-Fußbad als entspannendes Betthupferl.

In der heutigen Zeit sind wir nicht mehr von den Wanderungen durch die Natur erschöpft, sondern durch die Hektik des Alltages. Hier bietet der Beifuß zur Stärkung und Erwärmung des erschöpften Organismus folgendes an: Beifuß-Tee, Beifuß-Schlafkissen und Beifuß-Räucherungen.

Beifußbad

1 Handvoll Beifuß getrocknet oder frisch
bei **kalten** Füßen in **warmes** Wasser legen.
Bei **erhitzten** Füßen den Beifuß in **kaltem** Wasser ansetzen.
Achtung: Beifuß niemals während der Schwangerschaft verwenden.

Beifuß (Artemisia vulgaris) im heimischen Gart

Eine ganz intensive Beziehung habe ich zu unserer Landeshauptstadt München.

Ab meinem 5. Lebensjahr durfte ich meine Oma nämlich immer zum Einkaufen begleiten.

Wir fuhren mit dem Zug von Hausham nach München. Schon die Fahrt dorthin war Abenteuer und Aufregung für mich. Das Vorbeiflitzen an Orten, Landschaften, Bäumen, weidenden Kühen bis zur ersten Haltestelle Holzkirchen, die Geräusche, der Pfiff des Schaffners zum Weiterfahren, das Rumpeln der Gleise – es ist alles in meiner Erinnerung gespeichert.

Wir fuhren nach München zur „Keramischen", das war die Orderstelle für Kacheln, Fliesen, Kleber, Fugenmittel und eben für alles was der Opa für den Bau seiner Kachelöfen brauchte. Die Oma musste gut aufpassen – alles mitschreiben, was der Opa diktierte, denn wenn wir in München waren, gab es keine Möglichkeit nachzufragen oder nach

Rathaus München

zutelefonieren. Und ich habe mehrmals erlebt, dass die Oma sich kurz entschlossen eigenmächtig entscheiden musste, was geordert werden sollte – im Vertrauen darauf, dass der Opa schon einverstanden sein würde.

Während die Oma bestellte, schlich ich durch die Lagerhallen, stellte mir vor, wie ein Bad mit moosgrünem Waschbecken ausschauen würde, baute in meiner Fantasie Bäder und Kachelöfen. Damals gab es noch keine fertig aufgebauten Ausstellungsbäder. Die Kacheln, Fliesen und Waschbecken waren nur vor die Verpackungen gestellt. Da war die eigene Vorstellungskraft sehr gefragt.

Besonders fasziniert haben mich auch die vielen Mitarbeiter der Firma, alle hatten hellgraue Kittel an und darunter war zu erkennen, dass sie Hemd und Krawatte trugen. Auch schaute ich gerne auf die Schuhe – denn der Opa verlangte von all seinen Gehilfen und Lehrlingen, dass sie mit sauberen Schuhen zur Arbeit kamen. Die Angestellten der „Keramischen" hatten alle ordentlich geputzte Schuhe und das – obwohl die Lagerhallen staubig wirkten…

Wenn Sie mal zufällig in unser Wirtshaus kommen – schauen Sie doch bitte auch unseren Kellnerinnen und Kellnern auf die Schuhe…

Nach dem geschäftlichen Ordern der Ware begann für uns Zwei dann der schönste Teil des Einkaufens. Wir gingen nämlich so richtig zum „schoppen". Meistens fingen wir beim „Oberpollinger", von der Oma kurz „Opo", genannt an.

Da gab's dann die schönsten Zopfspangerl, Haarklammern, Strumpfhosen, Röcke, Pullover, Blusen und Kleider. Wir waren stundenlang mit der Anprobe meiner neuen Kleidung beschäftigt. Es wurde nur das ausgewählt was wirklich schön war, gut zu pflegen und was mein Herz zum freudigen Klopfen brachte – und das brauchte Zeit.

Weiter ging's dann zum „Wallach", das war das Kaufhaus in dem die Tischwäsche, die Vorhänge und die Dekoration begutachtet und ausgesucht wurde.

Beim Wallach neben der Kasse konnte man gegen einen Zettel die vollen Taschen deponieren, denn für die nächste Etappe unseres Ausflugs brauchten wir freie Hände.

In der Nähe vom „Wallach" war nämlich der „Dallmayr" – das bekannte Haus für Feinschmecker. Dort gab's die Belohnung für den langen, anstrengenden Reise-Einkaufs-Tag.

Mmmh…Weinschaumrolle und heiße Schokolade, das war's für mich!

Ich bin der festen Überzeugung, dass meine Oma damals den Grundstock für meine Liebe zu schönen, wertvollen Dingen und gutem, feinen Essen gelegt hat. Vielleicht hat sie sogar mit den Besuchen beim Dallmayr in meiner Seele die Idee zu meinem eigenen Laden geweckt!!!???

(Rosa)

Rosen

Eine ganz große Liebe empfinde ich zu duftenden Rosen und so kam es mit den Jahren hier beim Pfeiffenthaler, dass das ganze Wirtshaus mit Rosen umpflanzt wurde.

Fast jedes Jahr kommt wieder eine neue Rose hinzu.

Dunkelrote Blütenblätter verwendet man, um sie zu Rosenzucker, für Duftkissen, zu Rosen-Rosmarin-Salz und zur Dekoration zu verwenden.

Helle Duftrosen sind getrocknet ohne Farbe und kommen deshalb in die Vasen oder gemischt mit roten Rosen in die Sirupherstellung.

Rosenblüten-Sirup

10 dunkelrote Rosen (für die rote Farbe des Sirups)
10-20 gelbe, weiße oder rosa Rosen (wichtig ist in diesem Fall, dass sie gut duften!)
2 Liter abgekochtes Wasser
50 g Zitronensäure
3 ungespritzte Zitronen in Scheiben
2 kg Rohrohrzucker

• Die voll aufgeblühten Rosenköpfe bei trockenem, sonnigem Wetter ernten, gut ausschütteln (wegen möglicherweise darin versteckten Tierchen), bei Bedarf vorsichtig abbrausen und in einer Porzellan- oder Glasschüssel mit dem Wasser, der Zitronensäure und den Zitronenscheiben mindestens 24 Std. einlegen.

• Abseihen und den Zucker einrühren. Wenn der Zucker aufgelöst ist, den fertigen Sirup in ausgekochte Saftflaschen randvoll einfüllen, verschließen und kühl aufbewahren. Der Sirup hält so etwa 3-4 Monate.

• Schmeckt sehr gut in Wasser als Schorle, zum Süßen von Schwarzem Tee, zum Sekt als Aperitif – natürlich mit ein paar Rosenblüten!

• Wir machen daraus auch Rosenblüten-Parfait, siehe Rezept Hollerblüten-Parfait, dazu den Holunderblütensirup einfach durch Rosenblütensirup ersetzen.

Rosenbowle

1 Flasche guten Rosewein
4 Schnapsgläser Rosenblütensirup
½ Liter Mineralwasser
1 Zweig Zitronenmelisse
1 Flasche Sekt
2 Handvoll Rosenblüten

• Alles zusammen in einem schönen Bowlegefäß kühl servieren.

del-Rosen mit Heidekraut

Rosenbowle ohne Alkohol

2 Liter Mineralwasser
4 Schnapsgläser Rosenblütensirup
1 Schnapsglas Zitronenmelisse-Sirup (Rezept Seite 21)
1 Zweig frische Zitronenmelisse
1 ungespritzte Zitrone in Scheiben geschnitten

Alles zusammen in einem schönen Glasgefäß mit vielen Rosenblüten dekoriert, kühl servieren!

Rosenzucker

2-3 Handvoll getrocknete Rosenblüten, unbedingt viele rote!
1 kg Rohrohrzucker
das Mark einer Vanilleschote

• Alles zusammen im Mixer fein mahlen und in schöne Gläser abfüllen.
• Schmeckt wunderbar in Schwarzem Tee und erinnert im Winter an die sonnigen Rosentage im Juni.
• Kinder lieben Rosenzucker auch zu Pfannkuchen oder Reiberdatschi.

Rosen-Rosmarin-Salz mit Thymian

2-3 Handvoll getrocknete Rosenblüten
2 Zweige Rosmarin
1 Zweig Thymian
1 kg Steinsalz, Meersalz oder Himalayasalz

• Alles zusammen im Mixer mahlen und in schöne Gläser füllen.
• Das Salz schmeckt wunderbar zu Salatsaucen, besonders zum Kopfsalat, aber auch zu Bratkartoffeln!

Rosenplätzchen

400 g feines Dinkelmehl
250 g Butter
150 g Rohrohrzucker
200 g gemahlene Mandeln
2 Eier
je 20 g Rosenzucker, gemahlener Zimt,
1 Prise gemahlene Muskatnuss
1 Messerspitze gemahlene Nelken
1 Prise Steinsalz oder Meersalz

• Alle Zutaten zu einem festen Teig verkneten, kleine Herzen oder beliebige andere Plätzchenformen ausstechen.

• Im vorgeheizten Backofen bei 180 Grad etwa 10 Minuten backen, sofort, noch heiß, mit Rosenzucker bestreuen.
• In einer Blechdose aufbewahren.
• Die Plätzchen schmecken sehr gut zum Milchkaffee oder zum Tee.

Die Heckenrose

von Simone Conen

Weltweit gehören etwa 1600 Pflanzenarten zur Familie der Rosengewächse, auch der Frauenmantel, die Himbeere, die Brombeere und die Erdbeere. Die Sorten der Gartenrosen sind unzählig geworden. Die Wildrosen in der nördlichen, gemäßigten Zone werden auf 100 Arten geschätzt, ein Viertel davon wachsen in Deutschland.

Reden wir allgemein von Rosen, so entsteht sofort ein inneres Bild von ihnen, wir sehen ihre Farben und riechen ihren Duft. Die Rosen berühren uns auf eine Art und Weise, die unser Herz erreicht. So steht sie ungefragt für die Liebe, die Sinnlichkeit und für die Spiritualität.

Auch die Rose machte eine Reise durch viele Epochen, wurde zur Verehrung verschiedener Göttinnen dargebracht, vor allem der Liebesgöttin Aphrodite. Sie steht aber auch für Geheimnisse und Verschwiegenheit. Rosen an den Decken von Räumen aufgehängt, erinnerten füher die Menschen daran, alles was hier gesprochen wurde, nicht nach außen zu tragen.

Sind wir zu kopflastig, schmerzt der Kopf, oder die Augen, so erfahren wir Entlastung, wenn wir mit Rosenwasser getränkte Kompressen auf Augen, Stirn und Schläfen legen.

Herz- und nervenstärkend wirken Zubereitungen mit Rosenblättern z.B. als Tee. Ein köstlicher Morgengruß ist das Rosengelee.
Der Duft von kostbarem Rosenöl wirkt verführerisch auf all unsere Sinne. Porbieren Sie doch einmal ein Entspannungsbad mit frischen Rosenblättern.
Die Früchte der Rosen, die Hagebutten, haben einen hohen Vitamin C Gehalt.
Eine Marmelade daraus schmeckt köstlich und unterstützt uns dabei, gesund durch den Winter zu kommen.

Lavendel

Der Lavendel gehört zu meinen Lieblings-Gartenpflanzen und es wird ihm nachgesagt, er halte Unangenehmes fern. Vor meinem Laden ist ein Meer aus Lavendelpflanzen – und ich habe ausschließlich nette, liebenswerte Kunden.
Kleine Lavendelsträußchen frisch gebunden und kopfüber aufgehängt schauen schön aus und verströmen lange ihren feinen Duft.
Bei uns im Wirtshaus hängen die Fenster auf den Toiletten voller Lavendel.

Und noch etwas: Lavendel hält Staubmilben fern – also gehört Lavendel unbedingt unters Kopfkissen oder auch unter die Bettmatratze.
Ein paar Tropfen ätherisches Lavendelöl im Putzwasser riecht frisch und sauber.

Unser **Putzwasser** zum Auswischen der Schränke:

1 kleiner Eimer mit Spülmittelwasser
3 Tropfen ätherisches Lavendel-Öl
1 Tropfen ätherisches Salbei-Öl
1 Prise Steinsalz oder Meersalz

Die ätherischen Öle sollten aus dem Bioladen sein!

Lavendel-Duftspray
für Räume, Betten und Wäsche

100 g frische Lavendelblüten, nicht abgezupft, mit einem kleinen Rest vom Stiel
½ Liter 40%iger Alkohol'
½ Liter destilliertes Wasser
5 ml ätherisches Lavendelöl

- Die frischen Lavendelblüten mit dem Alkohol bedeckt in ein Schraubglas füllen und einen Tag an der Sonne stehen lassen.
- Danach hell, aber nicht mehr sonnig stellen.
- Täglich schütteln und darauf achten, dass die Blüten immer mit Alkohol bedeckt sind.
- Den Ansatz 4 Wochen ziehen lassen, dann abseihen und mit dem destillierten Wasser und dem Lavendelöl vermischen.
- Das Duftspray in verschließbare Sprühflaschen abfüllen.

Lavendelzucker

500 g Rohrohrzucker
10 g getrocknete Lavendelblüten

• Die Blüten und den Zucker schichtweise in ein verschließbares Glas einfüllen.
• 6 Wochen stehen lassen, danach die Blüten absieben und den Zucker in Schraubgläser aufbewahren. Wer es intensiver mag, kann auch den
• Zucker mit den Blüten im Mixer zerkleinern, das ergibt einen leicht blauen Zucker. Diese Mischung vorsichtig dosieren.
• Lavendelzucker schmeckt gut zu Pfannkuchen, zur Parfümierung von Schwarzem Tee oder als Guss über einen Rührkuchen:

Lavendelguss

• *100 g Lavendelzucker* im Mixer zu Puderzucker zermahlen.
• etwa *3 Esslöffel Wasser* dazurühren und über den fertigen Kuchen verteilen.

Lavendelblüten-Sirup

von Cornelia Fey

1 kg Zucker
1,25 l Wasser zusammen aufkochen und abkühlen lassen
15 g Zitronensäure
40 g Lavendelblüten, frisch geerntet

• Das abgekochte und wieder abgekühlte Wasser mit Zitronensäure und den Lavendelblüten vermischen und 4 Tage kühl stehen lassen.
• Danach abseihen, den Sirup nochmals auf 80 Grad erhitzen und sofort heiß in vorbereitete Flaschen abfüllen.
• Gekühlt mindestens 5 Monate haltbar!
• Ein Schuss des Sirups in einen feinen Rührkuchen gibt eine besondere Note!

vendel (Lavendula angustifolia)

PFEIFFENTHALER
Badesalz
mit Orangenöl
PFEIFFENTHALER
Badesalz

Von meiner „Haushamer-Oma“ habe ich die Liebe für die feinen, schönen und wertvollen Dinge geerbt.
Sie hat mir gezeigt, welche Freude es ist, an einem zarten Stück Seife zu riechen. Die Oma bewahrte die kostbaren Seifen zwischen den Wäschestücken auf – und ab und zu begutachteten und berochen wir die Schätze. Sie lehrte mich das Johanniskrautöl zu beobachten, das mit jedem Sonnenstrahl intensiver wird und somit seine Heilkraft entwickelt.

Sie hat meine Schürfwunden mit Arnika behandelt – die Erinnerung daran erzeugt noch immer einen Schauder in mir. Arnika in Alkohol angesetzt war „das“ Mittel bei offenen Wunden und Verletzungen … schmerzhaft, brennend, Tränen auslösend – aber auch desinfizierend, wärmend und heilend.

Anschließend hat sie mir die Ringelblumensalbe auf die Wunden gestrichen und mit einem „glei is wieda guat“ die Seele gestreichelt.

Johanniskrautöl

Zur Sommersonnwende *(21.Juni)* und um den Johanni-Tag *(24.Juni)* ist die beste Erntezeit für das Johanniskraut um feines Körperöl anzusetzen.

Wir ernten nur wenn das Wetter trocken und sonnig ist – und zwar am Vormittag! Um gutes Johanniskraut-Öl herzustellen, zupfen wir nur die Blütenköpfchen von den Pflanzen. Für einen Liter benötigt man *mindestens 2 Handvoll Blüten.*

• Die Blüten werden im Mörser angequetscht und kommen in eine weithalsige Flasche mit festem Verschluss.

• Die Flasche wird mit *bestem Pflanzenöl (Sonnenblumenöl oder noch besser Olivenöl)* aufgefüllt und an einen sonnigen Platz gestellt.

• Täglich ein bis zweimal schütteln und mit Freude die Farbveränderungen wahrnehmen!

• Das Öl bleibt bis zu den ersten kalten Nächten, etwa Anfang Oktober, stehen.

• Dann wird es erst durch ein Passiertuch, anschließend noch ein Mal durch einen Papierfilter abgeseiht.

• Das Öl in kleine Flaschen füllen, fest verschrauben und dunkel aufbewahren.

In allen Haushalten wurde Johanniskrautöl früher zur Behandlung von Wunden, Sonnenbrand oder auch als Körperöl bei trockener Haut verwendet.

Bitte Vorsicht: Johanniskraut macht lichtempfindlich – deshalb das Öl nie verwenden wenn ein Sonnenbad angesagt ist. Johanniskraut bringt die Sommersonne in die Winterzeit – deshalb ist es besser, Johanniskrautöl als Körperöl in der dunklen Jahreszeit zu benutzen.

Bitte das Öl nach dem Duschen auf die noch feuchte Haut auftragen.

Johanniskraut (Hypericum perforatu

Kräuter-Duftkissen

1 Handvoll Dinkelspelz in Bio-Qualität
1 Handvoll Sonnwendkräuter getrocknet:
Johanniskraut, Dost, Quendel, Beifuß, Frauenmantel, Rosenblätter, Lavendelblüten ...

• Den Dinkelspelz mit den getrockneten Kräutern gut mischen und in kleine Leinensäckchen oder Kissenhüllen füllen.
• Das Säckchen bei Bedarf anwärmen (bitte nicht über 50 Grad, da sich sonst die Kräuter zu schnell erschöpfen!) und auf den Bauch legen.
• Das Kissen kann auch gut ins Bett oder in den Wäscheschrank gelegt werden, der Duft ist zart und die Zugabe von Lavendel hält Motten fern
• In der Schwangerschaft die Kissen unbedingt ohne Beifuß verwenden!

Aus dieser Kräutermischung mache ich mir auch ein

Badesalz:

1 Handvoll Sonnwendkräuter:
Dost, Johanniskraut, Schafgarbe, Beifuß, Rosenblüten, Lavendel,
250 g Meersalz aus dem toten Meer

Die Kräuter grob zerreiben und mit dem Salz vermischen.

…räutermischung …it Dinkelspelz für Duftkissen

Kräuterbadesalz

Grüner Walnusslikör „Nusser“

30 grüne Walnüsse (Mitte-Ende Juni ernten)
1 Liter guter Obstler oder Kornschnaps
3 Esslöffel Kandiszucker oder Kristallzucker
½ Zimtstange
Schale von einer Bio-Orange (ohne weiße Haut!)
1 Sternanis
3 Nelken

• Die Walnüsse in Scheiben schneiden, mit Zucker und den Gewürzen in ein gut verschließbares Glas (Einweckglas mit Gummiring) füllen und mit dem Schnaps aufgießen.
• Mindestens 2 Monate an einem warmen Platz ziehen lassen und täglich aufschütteln.
• Nach der Reifezeit durch ein Mulltuch abseihen, nach Geschmack noch etwas in Wasser aufgelösten Zucker zugeben und in Flaschen abfüllen.
• Mindestens bis Weihnachten im dunklen Keller reifen lassen.

Schmeckt besonders gut nach einem reichhaltigen Essen oder auch zu einem Walnuss-Eis.

In unserem Biergarten stehen 3 Walnussbäume und wir haben erst vor ein paar Jahren bemerkt, dass Walnussbäume Fliegen fernhalten.
• In der Speisekammer dicke Büschel Walnusszweige aufgehängt – und die Fliegen suchen das Weite!

Schaut's nicht aus,
als wären hier Feen und Elfen
beim Tanz?

Manchmal wünsch ich –
oder ist's das kleine Kind
in mir?

… es mögen sich doch
Elfen und Feen zeigen

Kreuzspinne

Elfen- & Feenschleier in einer Kräuterwiese mit Rossmin

Ringelblume / Calendula

von Alexandra Alt & Gabi Streidl

Die Ringelblume war wahrscheinlich schon in der Antike bekannt, aber der erste sichere Hinweis stammt von Hildegard von Bingen (1098 – 1179). Sie verordnete Ringelblume gegen Verdauungsprobleme, als Gegenmittel bei Vergiftung und äußerlich bei Ekzemen.

Seit dem 12. Jahrhundert wird Calendula in Deutschland angebaut und als Arnika unserer Gärten bezeichnet. Im 17. Jahrhundert war sie so begehrt, dass Drogisten und Apotheker die getrockneten Blüten gleich fässerweise bereithalten mussten. Die Blütenblätter der Ringelblume kann man essen. Bei den Persern und Griechen diente sie als Safranersatz, und daher kommt auch ihr poetischer Name „Safranrose". Innerlich wirkt Calendula unterstützend bei Magen- und Darmproblemen sowie auch bei Mandelentzündung. Äußerlich ist sie bekannt als gut verträgliche Wundheilpflanze. Sie stärkt Herz und Geist und bringt Sicherheit und Ruhe.

Ringelblumensalbe

von Alexandra Alt & Gabi Streidl

40 g getrocknete oder 60 g frische Ringelblumenblüten (frische Blüten über Nacht antrocknen lassen) mit *350 ml Olivenöl* in einem durchsichtigem Glas mit Deckel auf der Fensterbank, nicht in der prallen Sonne, vier Wochen ziehen lassen und danach filtern.

Das Auszugsöl mit *50 ml Sonnenblumenöl* in einem Emailletopf mit einer *Handvoll frischen Ringelblumen- Kamillen- und Sonnenblumenblüten* erwärmen und 20 Minuten ziehen lassen.
Nicht über 70° C erhitzen!
Danach filtern und das Öl zurück in den Topf gießen. *25 g Bienenwachs* und *1 Esslöffel reines Wollfett* dazugeben und schmelzen lassen. In der liegenden Acht rühren.

Gleichzeitig *1,5 Teelöffel Cetylalkohol* und folgende Urtinkturen zugeben:

5 ml Ringelblume
5 ml Sonnenblume
5 ml Kamillenblüten
5 ml Propolis

In der liegenden Acht rühren und auf 35/40°C abkühlen lassen.
Dann je 6 – 8 Tropfen feinstoffliche Essenzen von *Calendula* und *Chamomilla* dazugeben.
Sofort in Salbentöpfe abfüllen und die offenen Töpfe mit einem Tuch abdecken.
Erst mit den Deckeln verschließen wenn die Salbe ausgekühlt ist. Kühl lagern!

Hollersaft

2 kg Holunderbeeren
500 g Rohrohrzucker
etwa ¼ l Apfelsaft

• Die Holunderbeeren im Dampfentsafter mit dem Zucker und dem Apfelsaft etwa 45 Minuten entsaften.
• Den noch heißen Saft sofort in vorbereitete Flaschen füllen, die Flaschen auf den Kopf stellen und auskühlen lassen.

Der Saft ist etwa 6-8 Monate gekühlt haltbar.

Hollerlikör

1 Liter Hollersaft
500 g Rohrohrzucker
1 Esslöffel Vanillezucker
½ Zimtstange
4 Nelken
Saft von einer Zitrone
3/8 l Weingeist

• Den Hollersaft mit den Gewürzen und dem Zucker erhitzen, einmal aufkochen lassen.
• Den abgekühlten Saft mit dem Weingeist auffüllen, in Flaschen füllen und im Keller bis zur Adventszeit reifen lassen.

Schmeckt sehr gut zu Walnuss-Eis, im „Perchta-Punsch" *(Seite 103)*, zum Sekt, als Aperitif – oder einfach mal so…

Hollatauch (Holunderbeeren-Kompott)

500 g schwarze Holunderbeeren
500 g Zwetschgen
250 g gute Birnen mit der Schale
250 g Äpfel mit der Schale
250 ml Apfelsaft
150 g Rohrohrzucker
1 Esslöffel Vanillezucker
1 Stamperl Obstler oder Zwetschgenwasser
½ Teelöffel Zimt

• Alles Obst waschen, entkernen, in kleine Stücke schneiden und die Beeren von den Stielen zupfen.
• Das Obst mit dem Zucker und dem Apfelsaft 15 Minuten aufkochen.
• Gegen Ende der Kochzeit den Vanillezucker, den Schnaps und den Zimt zugeben.
• Das fertige Kompott sofort heiß in Schraubgläser füllen, verschließen und mit dem Deckel auf den Kopf stellen und auskühlen lassen.

Hollatauch schmeckt gut zu vielen Mehlspeisen wie Kürbisstrudel *(Seite 74)*, zu Vanilleeis oder einfach so.

…lunder-Kompott („Hollatauch")

Dost

Leberknödel mit Quendel und Dost

von Georg Pfeiffenthaler sen.

5 altbackene Semmeln, fein geschnitten
1/8 l Milch
400 g fein gewiegte Rinderleber (gleich beim Metzger machen lassen!)
1 Zwiebel
½ Bund Petersilie
je einen Zweig Quendel und Dost frisch oder getrocknet
1 Ei, Pfeffer, Salz, Muskat, etwas Majoran

• Die Semmeln in eine Schüssel geben, die Milch erhitzen, über das Semmelbrot gießen und etwa 10 Minuten quellen lassen.
In der Zwischenzeit die Zwiebel schälen und in feine Würfel schneiden.
• Die Petersilie, den Quendel und den Dost fein wiegen und alles mit der Leber, der Zwiebel und dem Ei zusammen zum Knödelteig geben.
• Salz, Pfeffer, Muskat und Majoran zufügen und alles zu einem glatten, würzigen Teig verkneten.
• In der Zwischenzeit einen Topf mit reichlich Salzwasser aufstellen und zum Kochen bringen.
• Aus dem Teig schöne Knödel formen und in das kochende Wasser legen.
• Kurz aufkochen lassen, dann die Wärme zurückstellen und die Knödel bei geschlossenem Topf ca. 15 – 20 Minuten ziehen lassen.
• Den Leberknödel in einer kräftigen Brühe mit viel Schnittlauch servieren.

Herbst

Im Jahreslauf ist der Herbst dem Westen zugeordnet, dem Abend, dem Element Wasser, dem Gefühl, dem Erzengel Gabriel. Hohe Feiertage waren früher die Namenstage der Hl. Elisabeth am 19. November und der Hl. Katharina am 25. November (Kathrein stellt den Tanz ein – es wurde zum letzten Mal bis zum Fasching getanzt).

Dort finden wir auch unsere Ahnen, in der katholischen Gemeinschaft gedenken wir ihrer am 1.November/Allerheiligen und am 2. November/Allerseelen.

Der Herbst steht für Reichtum, Fülle, Ernte und die Dankbarkeit.

Die Farben des Herbstes sind orange, rot, dunkelrot, dunkelgelb, braun ...

Die Gemüsesorten des Herbstes sind Kürbis, alle Kohlarten, Kartoffeln, Rüben …

An Obst gibt es eine reiche Auswahl: Äpfel, Zwetschgen, Birnen…

Wildfrüchte wie Brombeeren, Hagebutten, Schlehen, Vogelbeeren …

Element Wasser

Manchmal bin ich das Wasser
Sehne mich nach Zärtlichkeit
Verliere mich sanft im Gefühl
Bin Fluss und Meer zugleich.

Lebenselixier Wasser

von Martina Raddek

es schenkt Geburt und Leben
fliesst in allen Wesen
Wasser

tränkt Mutter Erde
unser aller Durst
Wasser

es lebt in uns
verschenkt sich an die Welt
grenzenlos und überschwänglich
Wasser

Meine Großeltern haben mich auch den Umgang mit Geld gelehrt. Sie haben mir gezeigt, wie beglückend es ist, für seine Arbeit bezahlt zu werden, welche Freude es macht, Geld zu bekommen und auch weiter zu geben.

Ich durfte immer dabei sein wenn die Mieter ihres Hauses mit den kleinen schwarzen Büchern zur Abrechnung kamen. In diesen Büchern waren die Geldscheine auf der jeweiligen Monatsseite, welche meine Oma dann herausnahm und mit ihrer Unterschrift die Zahlung bestätigte.

Bei meinem Opa durfte ich mit am Schreibtisch sitzen und zuschauen, wie er seine Rechnungen und Banküberweisungen mit seiner schönen Handschrift schrieb. Er war ein bekannter, durch seine Korrektheit und Präzision begehrter und beliebter Hafnermeister bzw. Kachelofenbauer. Er zeigte mir, wie wichtig Struktur und Ordnung sind, aber auch wie schön und befriedigend es ist, seine Rechnungen pünktlich zu bezahlen und sie mit einem kleinen „Handstreichler“ in den Ordner „bezahlte Rechnungen“ zu verabschieden.

Opas Kunden kamen damals meistens mit der Rechnung und dem Bargeld ins Haus. Sie wurden mit einer Brotzeit und Bier bewirtet; der schöne Ofen wurde nochmals mit glänzenden Augen gelobt, man bedankte sich gegenseitig und es war immer Zeit für ein nettes Gespräch.

Manchmal fuhren wir auch auf die Bauernhöfe mit der Rechnung, dann war das Abrechnen auch dort mit einer Brotzeit und dem Bewundern und Loben des neuen Ofens verbunden.
Ich war ein sehr neugieriges, interessiertes Kind – ich habe es damals sehr geliebt mir die Bauernstuben, Küchen und Gärten anzuschauen.

Einen besonderen Reiz hatten für mich die „Schnapskastl“ – in welchen neben Hochprozentigem zum Trinken, meistens auch die Arnikaflaschen kindersicher aufbewahrt wurden. Ich sehe noch heute die schönen „Schnapsbodeien“ (bemalte oder geschliffene Schnapskaraffen) mit den dazu passenden Gläsern.
Meistens wurde auf das abgeschlossene Geschäft ein guter selbst gebrannter Obstler oder gar ein „Kerschana“ (Kirschwasser) getrunken.

Pfeiffenthaler's Kürbissuppe
von Georg Pfeiffenthaler sen.

1 Hokaido oder ½ Muskatkürbis
1 Zwiebel
1 Banane + 1 Apfel
1 l Gemüsebrühe
250 ml Schlagrahm
Salz, Pfeffer, Muskat, Curry
etwas Öl

• Den Kürbis waschen und würfeln. Die Zwiebel klein schneiden und in Öl anschwitzen, den Kürbis dazugeben, ebenfalls andünsten und mit der Gemüsebrühe auffüllen.
• Die geschälte Banane und den Apfel zugeben und alles 15 Minuten weich kochen.
• Die Suppe mit dem Mixstab pürieren und eventuell durch ein Sieb abseihen.
• Die Kürbissuppe nochmals erwärmen und mit der Sahne und den Gewürzen gut abschmecken.
• Mit gerösteten Kürbiskernen und einem Schuss Kürbiskernöl servieren.

Kürbis-Strudel

Strudelteig herstellen aus:
500 g feinem Weizenmehl
1 Prise Salz
1–2 Esslöffel Öl oder 20 g zerlassener Butter
1/8 l lauwarmem Wasser

• Das Mehl in eine Schüssel sieben, eine Mulde in der Mitte eindrücken, Salz, Öl oder Butter und Ei einfüllen und langsam das lauwarme Wasser dazugeben, alles schnell zu einem Teig verkneten und kräftig abarbeiten.
• Den Teig auf ein Nudelbrett geben und nochmals kräftig kneten.
• Den Teig mit etwas Öl einpinseln und zugedeckt in einer Schüssel unter einem feucht-heißen Tuch etwa eine halbe Stunde ruhen lassen.

Kürbisfüllung:

1 kg grob geraspelter Kürbis
1 gute Handvoll Zucker
etwas geriebener Muskat
1 Handvoll Grieß
3 Esslöffel Sauerrahm oder Quark
etwas Butter für die Form und zum Bestreichen des Strudels
1 Tasse Milch

• Den Strudelteig in zwei Hälften teilen, mit dem Nudelholz ausrollen, dünn ausziehen und auf einem Geschirrtuch ausbreiten.
• Den Teig mit der Hälfte des Sauerrahms oder Quark bestreichen, die Kürbismasse darauf verteilen, den Zucker darüber streuen. Muskat und Grieß auf dem Kürbis verteilen, die Teigränder seitlich einschlagen und den Strudel aufrollen.

• Den Strudel mit Hilfe des Geschirrtuches in eine gebutterte Bratraine oder Auflaufform legen.

• Mit der zweiten Hälfte genauso verfahren.
• Den Strudel bei 185 Grad im Backofen 30 Minuten backen, dann die Milch angießen und nochmals etwa 20 Minuten fertig backen. Falls der Strudel zu schnell braun wird, mit Alufolie abdecken.
Zum Kürbis-Strudl schmeckt köstlich ein „Hollatauch" (Holunder-Kompott; *siehe Rezept Seite 65)* oder auch Schlagrahm.

Kürbiskern-Käse-Ecken

von Elke Trost

1 pikanten Hefeteig herstellen (manchmal darf man aber auch einen fertigen verwenden)

500 g Mehl
1 Prise Salz
1/8 l Wasser
1 Würfel Hefe
2 Esslöffel Öl

Für den Belag:

2-3 Esslöffel Olivenöl
Pizzagewürz
100 g Kürbiskerne
150 g Hartkäse gerieben
Salz, Pfeffer

• Alle Zutaten für den Hefeteig müssen Zimmertemperatur haben!
• Das Mehl in eine Schüssel sieben, in der Mitte eine Mulde machen, Hefe hineinbröckeln, das gut handwarme Wasser mit Salz vermischen und die Hefe damit anrühren. Öl zufügen und den Teig solange abschlagen, bis er Blasen wirft.
• Die Schüssel mit einem Geschirrtuch zugedeckt an einem warmen Platz stehen lassen, damit der Teig gut aufgehen kann. Wir schlagen den Teig zwischendurch noch mal kurz ab und lassen ihn ein zweites Mal aufgehen.
• Anschließend den Teig auf einem Kuchenblech ausrollen, mit einer Gabel einstechen und mit Olivenöl bestreichen.
• Mit einem Messer Rauten oder Ecken einteilen.
Den Teig mit Pizzagewürz und den Kürbiskernen bestreuen, darauf den Hartkäse verteilen, mit Pfeffer und Salz nach Geschmack würzen und 15 – 20 Minuten im vorgeheizten Ofen bei 220 Grad goldbraun backen.
• Die Ecken oder Rauten mit dem Messer nachschneiden, auskühlen lassen und …genießen.
Köstlich zu einem schönen Glas Wein!

Rezept einer besonderen Freundschaft

von Carina Mertes

Man nehme abenteuerlustiges Wasser (Skorpion) und geselle es zu einem fröhlichen Feuer (Löwe). Wie Sie richtig vermuten, handelt es sich hier um kein gewöhnliches Rezept. Daher sollte der Platz für diese alchemistische Verbindung gut gewählt werden: ein buntes Gasthaus zu Füßen einer schlafenden Jungfrau, im Schosse ihres Geliebten aus fernem Lande.

Und wie bei jedem Rezept braucht es die besten Zutaten, damit sich viele an dem Ergebnis erfreuen können.
Mit frischen Kräutern von Wiese, Alm und Tal und einem Schluck besten Champagner beginnt alles.

Gemischt mit kindlicher Neugierde rühren wir noch die Liebe zu Mutter Erde und Vater Himmel hinein. Aus dem persönlichen Kämmerchen kommt noch eine Prise Individualität dazu. Damit alles auch gut verträglich bleibt, brauchen wir noch einen Schluck Respekt und Großherzigkeit. Sollte es doch mal zu Unverträglichkeiten kommen, habe man einfach ein bisserl Geduld und lasse sich Zeit zu vertrauen.
Dann ändern Sie hier und da die Dosis geringfügig und rühren noch mal eine Portion Toleranz und guten Willen hinein.

Diese Tinktur eignet sich hervorragend um viel Spaß zu haben, und natürlich auch um Halt zu finden in schwierigen Zeiten.

Nebenwirkungen: es kann auch mal zu ungeplanten Verrücktheiten kommen. Eh man sich versieht, liegt man in einer Vollmondnacht auf der Wiese und es sind nicht nur die Vögel in den Bäumen, die ihren Augen nicht trauen.

Bitte tauschen Sie sich regelmäßig aus und fügen immer wieder Ihre neuesten Erkenntnisse hinzu. Wer weiß, vielleicht wird dies dann sogar Ihr Lieblingsrezept sein …

Wohl bekomm´s!

Wendelstein-Gruppe: „Jungfrau mit Geliebtem aus fernen Lande

Der Frauenmantel *(Alchemilla vulgaris)*
von Simone Conen

Irgendwann fiel mir in meinem Garten eine Pflanze auf, die ich noch nie gesehen, geschweige denn dahingepflanzt hatte. Sie war von alleine gekommen, eine Botin?
Das Pflanzenbestimmungsbuch sprach von dem Gemeinen Frauenmantel, der Alchemilla vulgaris. Diese Pflanze faszinierte mich. Kurz darauf entdeckte ich in einem alten Heilbuch Teerezepte für allerlei Frauenleiden, die vor allem Frauenmantel mit beinhalteten.
Ich probierte eines davon aus und siehe da, mein Hormonzyklus veränderte sich zum Positiven und nach ein paar Monaten war ich schwanger. Da war meine Liebe zum Frauenmantel geboren. Seit dem begleitet er mich durch das Leben, so wie Magret Madejski in ihrem Buch *„Alchemilla"* dieses Kraut betitelt: *„Ein Heilkraut für ein ganzes Frauenleben"*.
Nicht nur Frauen, auch Männer und Kinder profitieren von diesem Kraut, es hilft bei Darmbeschwerden, Fieber und verschiedenen anderen Beschwerden, so dass dieses Kraut unbedingt in die häusliche Notfallapotheke gehört.

Außerdem ist diese Pflanze aus dem „Hause" der Rosengewächse, modern ausgedrückt, ein Nahrungsergänzungsmittel. Die Vielfalt der pflanzlichen Inhaltsstoffe, die sie aufzeigt, setzt sie in ihrer Wirkung mit den Süßwasseralgen gleich. Als wäre der Frauenmantel die „Alge" der Berge. Kaum eine Wiese, wo er nicht unermüdlich wuchert und aller Widrigkeiten trotzend seine stille Schönheit entfaltet, wissend, dass er schon Jahrhunderte überlebt hat. Probieren Sie Frauenmantel im Salat, Kräuterquark oder im Kräutersalz, ebenso einfach als Teeaufguss, getrocknet oder frisch, beides ist möglich.

Den Frauenmantel als Tee empfehle ich auch gerne Menschen, die in ihrem Leben eine Veränderung anstehen haben. Krisenzeiten, bzw. Stress wirkt sich allbekannt auch auf den Körper aus, möglicherweise in Erschöpfung, Müdigkeit und Unkonzentriertheit. Hier hilft der Frauenmantel, kombiniert mit Brennnesselkraut, Erdbeer- und/ oder Brombeerblättern und Himbeerblättern.

Erwähnen möchte ich an dieser Stelle, dass der Frauenmantel früher besonders bei den Alchemisten Verehrung fand. Der Vorgang der Pflanze, Wasser aus der Erde aufzunehmen und an den

Blattspitzen wieder abzugeben, wurde als Prozess der „Läuterung" gedeutet. Deshalb sammelte man aus den Kelchen der Blätter das so genannte Guttationswasser, um es für die Herstellung von Arzneien zu verwenden.

Der Frauenmantel hat schon vielen Kulturen als Kult- und Verehrungsobjekt gedient. Vorrangig als Pflanzenverehrung für verschiedene Göttinnen (Freya, Venus, Maria....). Der Hintergrund der Verehrung wurde von Epoche zu Epoche entsprechend der herrschenden Göttin an die Pflanze angepasst.

Wir leben in einer Zeit der Wandlung. Vielleicht findet diese Pflanze in der heutigen Zeit ihren Platz als Symbol für eine neue Ebene zwischen Mann und Frau, denn sie zeigt männliche wie weibliche Pflanzensignaturen, so als wäre in ihr beides vereint.

Der Name zu meinem Laden Alchemilla wurde mir, glauben Sie's mir, von der Pflanze direkt „zugeflüstert".

Eines Abends im Mai 2007 saß ich in meinem Garten, schaute ganz entspannt über meine Blumenbeete (im Mai ist bei mir ja immer noch alles sehr gepflegt, alles ist ordentlich und ohne Wildwuchs). Ich freute mich, dass die Pfingstrosen wieder in dicken Stöcken kamen, die Rosen hatten schon viele Knospen angesetzt, die späten Tulpen zeigten noch schöne Blüten, kurz – alles wuchs und gedieh prächtig.

Da fiel mein Blick auf neue Büschel von Frauenmantel. Diese Pflanze hat ja die Angewohnheit sich auszubreiten wo es ihr gefällt. In den kleinsten Ritzen, trocken oder feucht, Frauenmantel wächst da, wo er mag.

Frauenmantel – Alchemilla.

Meine Gedanken kreisten um diesen klangvollen, schönen Namen.

Alchemilla – das ist der Name für meinen Laden.

In diesem Wort ist die Alchemistin, die, welche zwei Zutaten oder Komponenten zu einem Ganzen verbindet oder verkocht, enthalten. Milla steht für Vielfalt, für viele schöne Produkte und im Lateinischen für Tausend.

Nun, wenn Sie auch die vorhergehende Geschichte gelesen haben, dann können Sie mich sicher verstehen, warum mich dieser Name für meinen Laden so fasziniert hat.

Blühender Frauenmantel (Alchemilla vulgar

Brombeer-Essig

von Familie Dircksen

0,7 l guter weisser Balsamico-Essig
mit 5 % Säure
120 g Brombeeren
1 Esslöffel Blütenhonig
1 Stängel Zitronenmelisse
1 Gewürznelke

- Die Brombeeren klein schneiden oder anquetschen und mit dem Honig in ein verschließbares Glas füllen.
- Mit dem Essig auffüllen und 4 – 6 Wochen an einem schattigen, aber zimmerwarmen Platz ziehen lassen.
- Nach der Zeit, den Essig und die farblos gewordenen Früchte durch ein Passiertuch abseihen und den fertigen Essig in eine schöne Flasche füllen.

Der Brombeer-Essig schmeckt ganz besonders gut zu Blattsalaten, Feldsalat und auch Radicciosalat. Wer mag, kann noch frische Brombeeren zum Salat geben.

Striezl *von der Pfeiffenthaler Oma*

500 g Mehl
1 Würfel Hefe
1/2 Teelöffel Vanillezucker
1 Prise Salz
1/4 l warme Milch
2 Eier
60 g warme Butter
2 Esslöffel Zucker
50 g Rosinen (in Rum eingeweicht)
1,5 kg Butterschmalz zum Ausbacken

• Aus den Zutaten einen Hefeteig rühren, 1/2 Stunde gehen lassen, vorsichtig nochmals in die Schüssel zurückdrücken und weitere 15 Minuten gehen lassen.
• In der Zwischenzeit eine Fettpfanne mit Butterschmalz erwärmen.
• Den Teig aus der Schüssel nehmen, ein Rolle formen, mit dem Messer etwa 5 cm dicke Striezl abschneiden.
• Auf der wenig bemehlten Arbeitsfläche unter einem Tuch ruhen lassen und nacheinander die Striezl im heissen Fett ausbacken.
• Auf Küchenpapier gut abtropfen lassen und mit Puderzucker bestreut oder in Zimtzucker gewälzt servieren.

Striezl

Schneeballen

5 ganze Eier
5 Eigelb
1 Prise Salz
1 Teelöffel Vanillezucker
Mehl nach Gefühl !!!

• Die Zutaten mit dem Handrührgerät gut schlagen, dann vorsichtig Mehl dazugeben.
• Soviel Mehl einrühren bis der Teig ungefähr so fest ist wie ein Mürbeteig.
Den letzten Knetgang mit den Händen machen. Hierzu gibt es, wie so oft in der altbairischen Küche, kein Standardrezept.
• Aus dem Teig kleine Knödel von ungefähr 6 cm Durchmesser formen und mit dem Nudelholz auf der leicht bemehlten Arbeitsfläche ganz dünn ausrollen.
• Mit dem Teigrädchen 2 – 3 cm dicke Streifen schneiden ohne den äusseren Rand zu verletzen.
In der Zwischenzeit eine Fettpfanne mit Butterschmalz erhitzen.
• Die ausgeradelten Teigplatten vorsichtig in das Fett gleiten lassen und sofort mit dem Kochlöffel in eine Ecke zusammenschieben und leicht übereinander klappen.

Trauen Sie sich nur … etwa 1 Minute backen, dann wenden und die andere Seite backen.
Die Schneeballen dürfen keinesfalls braun werden.
• Sofort auf ein mit Küchenpapier ausgelegtes Sieb legen und vorsichtig auf eine Platte oder in einen mit Papier ausgeschlagenen Korb legen.
• Dick mit Puderzucker bestreuen.
• Dieses traditionelle Kirchweih-Gebäck gibt's schon seit über 100 Jahren in unserer Gegend und es ist immer noch sehr beliebt.
Süß, zart – einfach was ganz „B'sonders".

Sherrysenf *von Elke Trost*

50 g gelbes Senfmehl
6 Esslöffel Sherry medium dry
1 rote Zwiebel
2 Knoblauchzehen
250 ml Sherry-Essig
40 g brauner Naturrohrzucker
Salz, Pfeffer, 1 Messerspitze Piment

• Das Senfmehl mit dem Sherry anrühren. Zwiebel und Knoblauch fein hacken.
• Beides mit dem Sherry-Essig und dem Zucker 8 bis 10 Min. bei mäßiger Hitze kochen. Abseihen. Die Flüssigkeit abkühlen lassen und mit dem angerührten Senfmehl vermischen.
• Würzen. Der Senf sollte breiig, streichfähig sein. In Gläser abfüllen und dunkel lagern.
• Dieser Sherrysenf schmeckt fantastisch zu gutem Käse, eignet sich aber auch hervorragend zum Füllen von Rindsrouladen.

Bayrischer Weißwurstsenf *von Elke Trost*

1 ¼ l Wasser
½ l guter Weißweinessig
750 g Rohrohtzucker

Aus diesen Zutaten einen Sud kochen und auskühlen lassen.

375 g gelbes Senfmehl
250 g grünes Senfmehl zum Sud geben.
1 Bio-Zitrone in Scheiben dazugeben und
1 große Zwiebel gespickt mit
7 Nelken zufügen.

• Den Senfsud 2 Tage stehen lassen, die Zitrone und die Zwiebel entfernen und in Gläser füllen.

Das Rezept kommt *von Elke Trost* und sie hat noch einen Hinweis aus alter Zeit von ihrer Großmutter – da gab es ja noch richtige Herde mit einem richtigen Feuer in den Küchen. Vor der Abfüllung machte die Großmutter einen eisernen Schürhaken im Küchenherd rot glühend heiß und rührte damit den Senf kräftig um! Also, wer noch einen Holzherd in der Küche hat – unbedingt ausprobieren … und das Geheimnis selbst ergründen!

Ach ja, der Weißwurstsenf schmeckt nicht nur zu Weißwürsten – ich finde, auch auf der Leberkäs-Semmel macht er sich sehr fein.

Feigensenf *von Elke Trost*

6 reife Feigen
120 g Zucker oder brauner Zucker
3 Esslöffel Apfelessig
3 Esslöffel. roter Balsamico-Essig
1 Esslöffel Senfmehl
1 Esslöffel Honig
2 – 3 Esslöffel Feigenschnaps

• Senfmehl mit Feigenschnaps, 3 Esslöffel Wasser und Honig anrühren.
• Feigen in kleinen Stücken mit Zucker und Essig zum Kochen bringen. Etwa 15 Min. bei mäßiger Hitze kochen lassen, umrühren!
• Feigenmasse etwas abkühlen lassen und mit dem Senfmehl anrühren.

Winter

Der Winter ist im Jahreslauf dem Element Erde zugeordnet, dem Norden, der Nacht, dem Erzengel Uriel. Es ist die Zeit des Rückzuges und der Innenschau.

Demeter ist wieder in der Unterwelt. Die Bäume halten ihren Saft in den Wurzeln, Tiere liegen im Winterschlaf, die Erde wird mit Frost und Schnee bedeckt. Wir Menschen bleiben wieder mehr in den Häusern, wir heizen den Kachelofen an und entzünden Kerzen.

Wenn die Nacht am dunkelsten ist, erstrahlt das Licht am hellsten – wir feiern Weihnachten.

Im Winter gibt's Wurzelgemüse, Kraut, Lauch – vieles ist jetzt gesund was „unter der Erde“ wuchs und eingelagert wurde. Lageräpfel entfalten ihr bestes Aroma.

Die Farben des Winters sind weiß, schwarz, erdbraun, kristallblau, tannengrün ...

Element Erde

Manchmal bin ich die Erde
Sehne mich nach Sicherheit
Treibe Wurzeln in den Boden
Bin Mutter und Kind zugleich.

Geerntetes Maisfeld im Rosenheimer La

Diesen Trank muss ich einfach weitergeben:

Schamanischer Krafttrunk

(von Blue Star, Clan Mutter der Pan American Indian Association)

Überall auf der Welt haben die Menschen Rituale kreiert, um sich mit der Erde, dem Mond, den Sternen, den Tieren und Pflanzen zu verbinden. Sie tun dies zur Ehre und aus Respekt gegenüber der Welt um sie herum. Indem wir Rituale durchführen, bringen wir unsere Aufmerksamkeit auf alles, was existiert. Und alles, was existiert ist eins mit uns.

Es ist wunderschön, sein gesamtes Sein in die Zeremonie mit einzubringen. Verstand, Körper, Geist und Gefühle werden eins.

In der heutigen Zeit sind wir uns bewusst, dass wir Wasser programmieren können, dass wir die Wassermoleküle in wunderschöne Sternenformen verändern können, indem wir Dankbarkeit zeigen. Wir wissen, dass unser Sein sich verbessert, wenn wir uns mit Liebe und Schönheit umgeben. Und so würde ich gerne mit Ihnen ein altes schamanisches Rezept für einen Krafttrunk teilen. Ein Heilgetränk für Körper, Geist und Seele.

Bitte sagen Sie bei jedem Schritt laut, was Sie gerade tun, da dies dem Krafttrunk viel Stärke verleiht.

Beginnen Sie mit der Absicht:

„Ich mache jetzt einen Krafttrunk für mein vollkommenes Wohlbefinden“!

1 Liter Wasser
5 Kardamonkapseln
½ Zitrone
3 dünne Scheibchen frischen Ingwer
1 Stck. Rohrzucker oder
2 Teelöffel Honig,
ein bisschen Cayenne Pfeffer
einen Teelöffel Olivenöl.

• **Schritt 1:** Das Wasser. ***Ich danke dem Wasser, dass es mir zu einem wunderbaren Heiltrunk verhilft*** *(Wasser zum Kochen bringen).*
• **Schritt 2:** Ingwerscheibchen ***„Diese großartige Wurzel wird mein gesamtes System unterstützen“*** *(zum Wasser geben).*
• **Schritt 3:** Öffnen Sie die 3 Kardamonkapseln ***„Ich danke euch, dass ihr die Säure aus meinem Körper nehmt“*** *(zum Wasser geben).*
• **Schritt 4:** Rohrzucker oder Honig ***„Danke für die Süße in meinem Leben“*** *(zum Wasser geben)*
Schritt 5: Die halbe Zitrone ***„Danke, dass du meine Leber unterstützt“*** *(zum Wasser geben)*
• **Schritt 6:** Cayennepulver ***„Danke, dass du meinen Stoffwechsel aufbaust“*** *(zum Wasser geben)*
• **Schritt 7:** Olivenöl ***„Danke für glückliche Gedanken“*** *(zum Wasser geben)*

Sanft 3 Minuten lang köcheln lassen.

„Ich danke der Gesamtheit aller Bestandteile für die Unterstützung meines gesamten Wohlbefindens“!

Warm trinken, allein oder teilen Sie es mit Ihren Freunden. **Aho**

Keramik-Waren auf dem Weibamarkt in Bad Feilnba

Glücksbringer
"Kokopelli"

Hirschkalbsbraten *von Georg Pfeiffenthaler sen.*

1½ kg Hirschfleisch vom Schlegel
250 g Röstgemüse in Würfel schneiden
(Zwiebel, Lauch, Sellerie, Karotten)
2 Esslöffel Preiselbeeren,
1 Esslöffel Senf,
1 Esslöffel Tomatenmark,
3 Lorbeerblätter
10 Wacholderbeeren
1 Liter Fleischbrühe
1 Liter Rotwein

• Hirschfleisch im heißen Öl auf beiden Seiten anbraten, dann das Fleisch aus dem Topf nehmen.
• Das Röstgemüse in den Topf geben und kurz andünsten, anschließend Tomatenmark, Preiselbeeren, Senf, Lorbeerblätter und Wacholderbeeren dazugeben.
• Danach mit Fleischbrühe und Rotwein aufgießen und im geschlossenen Topf garen lassen.
Garzeit 1½ –1¾ Std.

Brezenknödel *von Georg Pfeiffenthaler sen.*

5 Brezen
1 Prise Salz, Pfeffer und Muskat
etwas Petersilie und Schnittlauch
2 Eier
¼ l warme Milch

• Die Brezen klein schneiden, in eine Schüssel geben, dann die Eier dazugeben und mit der warmen Milch übergießen.
• Mit Salz, Pfeffer, Muskat etwas Petersilie und Schnittlauch durchmengen und abschmecken.
• Danach die Masse in eine Stoffserviette geben und wie eine Wurst einrollen, die Enden mit einem Bindfaden zubinden.
• Im Wasserbad köcheln lassen.
Garzeit ca. 15 min.

Das ausgeblasene Licht
(von Sigrid Früh)

Im Chiemgau, ganz nah bei der Hochries, da steht ein altes Bauernhaus. Im Winter, kurz nach Weihnachten in den heiligen Zwölfen da zieht in jeder Nacht, die sie da auch Perchtanacht heißen, Frau Percht vorüber. Sie zieht vorüber und mit ihr die selige Schar der Heimchen. So geschah es einst jedes Jahr, dass die Bäurin von dem Hof am alten Hohlweg den Tisch mit Speis und Trank für die Frau Perchta gedeckt hat. Dies geschah aus alter Verpflichtung. Dann sprach nämlich Frau Perchta den Segen über die Gaben und Geber, kostete wohl und blieb dem Hof, der Sippe mit Feldern und Vieh übers Jahr gewogen. Es gab aber ein altes Gebot, dass keiner an dem Abend zum Luren rausging und Frau Perchta in frevelhafter Neugier störte., wenn sie sich schon einmal erquicken wollte.

An solch einem Abend, als die Bäurin den Tisch wieder mal mit großer Sorgfalt an der Schlucht gedeckt hatte, stieg gerade der Mond über den Bergwald herauf. Genau in diesem Moment wurde die jüngste Magd des Hauses von Zweifel und Neugier geplag. Alsbald schlich sie hinüber zum Hohlweg und verbarg sich hinter dem Heuschober. Sie lugte nach dem festlichen Tisch, auf dem die Speisen dampften. So harrte sie ungeduldig, was sich begebe und trat von einem Fuß auf den anderen. Aber da wollte sich rein gar nichts tun. Kein Hase sprang über das Schneefeld, kein Vogel hing im vereisten Gezweig der Birke, die sich glitzernd wie ein Glasbaum über die Tafel bog. Es schäferte schon die Stille des Wartens zu ihr herein und das Mädchen verlor seinen Glauben an die Berichte der Alten.

Da endlich erhob sich feines Zirpen vom Bergwald her, wie Liedersingen und Saitenklang. Es kam näher mit trippelnden Schritten im weichen Schnee die selige Schar der Heimchen. Voraus schritt Frau Perchta selbst und um sie verdichtete sich der Mondschein als Glanz. Die Kleinen hingen ihr an und schlüpften unter ihren Mantel wie die Biberl unter die Federn der Henne. Andere summten und sangen zu Zither und Harfe mit silbernen Stimmen. Am Ende schleppten sich einige mit einem schweren Pflug, der schleifte über die Acker hin. Auch Krüge mit goldenem Tau gefüllt trugen die Kleinen, der schwabte über und drang durch den Schnee in den schlummernden Boden.

Jetzt blieb Frau Perchta nachdenklich hinter dem Gabentisch stehen und sagte zu einem von den Heimchen: „Da sind zwei Lichter, die sind zuviel, geh hin und blas sie aus!"
Das Mädchen hinter der Holztür verspürte den kalten Anhauch auf seiner Wimper und der Mondschein erlosch. Es stülpte sich über sie wie ein schwarzer Sack. Das schöne Singen vergrollte in Weh und Ach. Erschrocken stieß sie die Tür auf, aber auch dort draußen blieb sie in ihrer Lichtlosigkeit gefangen. Der Mond war tot. So tappte sie weinend zum Hof zurück und suchte im Rauchfang das gewohnte Leuchten der Flamme. Aber die Herdglut biss nur ihre Haut und sengte die Wimpern, denn der Blick war erloschen. Blind war sie und geblendet blieb sie, und da half auch kein weises Sprüchlein.

Nun lebte aber auf diesem Hof eine uralte Frau. Sie war noch von der alten Welt, saß zu jeder Stunde am Herd, spann und roch das Unsichtbare.
Die Kunde von den alten Zeiten war ihr noch zu-

Winterstimmung in Loiderding (bei Irschenber

gegen und sie wusste mehr von dem Wechsel und Wandel der Zeiten als all die anderen. Manchmal im fleißigem Spinnen hielt sie das Rädchen an, legte ihre welken Hände in den Schoß, blickte in weite Ferne und seufzte aus glücklicher Erinnerung: „Ach das waren noch Zeiten, als Frau Perchta spann". Dann brach ein Leuchten aus ihren alten Augen hervor, als wäre die Angerufene persönlich eingetreten.

Nun musste also die sonst so flinke Magd bei der Alten am Herdfeuer sitzen und spinnen, Flachs brechen, hecheln oder sonst eine Arbeit tun, wie sie auch wohl ein Blinder zusammentastet. Aber sie saß da, steif und verstockt an der Glut, und ihre junge Seele war eingefroren vor bitterem Harm. So verharrte sie in all den Wintertagen und kein Trost der Alten vermochte sie zu erwecken.

Als aber der Frühling aus allen Büschen brach und das erste Vogellied aus dem Blumengarten herüberwehte, da taute ihre Seele wieder auf und die Geblendete rief in plötzlicher Freude: „Hörst du Großmutter, so hör doch wie der Vogel ruft. Was er wohl weiß, was er wohl will? Ach wer nur die Sprache der Tiere verstünde, was möchte man da alles erfahren!"
Da lächelte die Alte und sprach: „Auf dieses Lied habe ich lange gewartet. So will ich dir nun aus alter Erfahrung erzählen, was mir für Kunde ist über die Zeiten, da Frau Perchta noch überall unter den Menschen gewirkt hat."

Sie knüpfte einen Faden an den alten und erzählte von der Waldfrau, der Spinnstuben-Muhme, der Herrin des Rosengartens und der Mutter der Heimchen. Immer neue Geschichten lockte die Junge aus ihr heraus und erhellte damit ihr dunkles Jahr, bis wieder die heiligen Zwölfen kamen. Schon duftete es im Garten nach Honigkuchen und süßem Gewürz, schon schwang die Verheißung vom Kind über die ganze Erde hinaus, schon rüstete sich die versunkene Sonne zur Wiedergeburt aus dem Schatten der Wendenacht.

Oft lag das Mädchen wach auf seinem Lager und bedachte alles, was der alten Großmutter Mund verkündet hatte. Sie hatte sich selber wie in einem Spiegel gesehen, durch die ihr die inneren Augen geöffnet waren. Sie hatte dies alles gelebt und gelitten wie eigenes, und da sie nun hinauslauschte in die Nacht aller Nächte, da wusste sie, dass die Erfüllung vor der Tür stand. So lag sie dann und wartete auf die Stunde, da gewahrte sie vom Kuhstall her ein sonderbares Getue. Sie hörte, wie der Stier seine Hörner am Krippenholz wetzte.

Und sie vernahm deutlich aus seinem wiederkäuenden Maul die dunklen Worte: „Du", sagte der Stier zur Kuh, „weißt Du auch schon, dass die Perchta der Blinden verzeihen will?" Da antwortete die Kuh: „Du, weißt Du auch schon, dass sie die Blindheit vom Mädchen nehmen will" „Wie soll aber das geschehen?" fragte der Stier. „Es wird so geschehen, wie Frau Perchta der alten Großmutter verkünden wird" sagte die Kuh. Dies alles geschah dem Mädchen wie im Traum. Mochte kein Glied zu rühren und es war diese Nacht voller verworrener Stimmen und dunkler Gesichter.

Am Morgen berichtete sie der Alten, was ihr die Tiere berichtet hatten. Da sagte diese: „In dieser Nacht sah ich Frau Perchta über die Berge gehen, sie sah aus wie meine selige Mutter, grüßte vertraulich und gab mir eine Bestellung mit. Du sollst ihr am Perchtenabend an der Schlucht den Tisch bereiten, dort will sie dir noch mal erscheinen."

Ein Wort stützt nun das andere und so mag es denn wohl geschehen. Die Sonne sank in der zwölften Nacht, da nahm die alte Großmutter das blinde Mädchen zur Hand und ging mit ihr hinauf zum Hohlweg. Unter der Birke schlug nun die Blinde den Tisch auf, bereitete weißes Linnen darüber, strich das Tuch mit Sorgfalt glatt und rückte Schüsseln und Krüge zurecht. Aus ihren tastenden Händen schlug der Blinden das Bild vom letzten Jahr wieder herauf, wo sie beim Blick auf diese Gaben in ewige Nacht gefallen war. Ihre Augen wurden zu zwei lebendigen Brunnen und die salzigen Tropfen sickerten in das weiße Linnen.

Da hörte sie eine gütige Stimme, die fragte ganz dicht über ihren Augen: „Der Mond der scheint, wer barmt, wer weint?"„ Ach", so klagte das Mädchen sich schuldig. „Ich wollte Frau Perchta mit den Augen sehen und das war doch gegen ihr Gebot, ich glaubte es nicht und verlor den Mond, die Sonne und aller Dinge Leuchten."

Da sagte Frau Perchta, denn sie selber war ja gekommen mit ihren Heimchen: „Das soll wohl wahr sein. Vor einem Jahr habe ich an dieser Stelle zwei Augen gelöscht und dafür zwei innere Lichter angezündet. So trage denn doppeltes Licht. Geh hin und vergiss das Beste nicht." Und sie blies dem blinden Mädchen in die toten Augen, also das Licht aufblühte mit all seinen Sternen und alles ringsumher schien wie im Jahr zuvor.

Der Mond schien auch, der Tisch war zubereitet unter der glitzernden Birke, doch Frau Perchta mit ihren Heimchen war schon längst über alle Berge gezogen. Von fern nur wehte es wie Gesang und Saitenspiel.

Verschneite Fichten

Perchta-Punsch

den gibt's bei uns immer zum „Weibamarkt"
im November!

1 Liter Rotwein
1 Zimtstange
5 cl Hollerblütensirup
5 cl Hollerlikör
Saft und Schale von 3 ungespritzten Orangen
Saft und Schale von 3 ungespritzten Zitronen
3 Nelken
1 Sternanis
¼ l Apfelsaft, am besten naturtrüb
¼ l Hollersaft
¼ l roten Traubensaft

Alle Zutaten in einem großen Topf erhitzen und sehr heiß in schönen dicken Haferln servieren. Dazu schmeckt hausgemachtes Apfelbrot
(Seite 110)

Walnuss-Torte

von Anna Wieser

Bisquit-Teig herstellen:

5 kleine Bio-Eier
200 g Zucker
1 Teelöffel Vanillezucker
5 Esslöffel gemahlene Walnüsse

mit Mehl und 1 Teelöffel Backpulver mischen, am besten auf der Küchenwaage, denn das Gesamtgewicht muss insgesamt 200 g betragen!

• Die Nuss-Mehl-Mischung vorsichtig unter die Eiermasse heben.
• Den Kuchen bei 160 bis 180 Grad im Backofen 30 bis 40 Minuten backen
• Es empfiehlt sich, den Tortenboden schon ein paar Tage vor Gebrauch zu backen, dann entfalten die Nüsse das beste Aroma!

Füllung:

3 Becher Sahne
1 Esslöffel Zucker
2 Päckchen Sahnesteif
1 Teelöffel Vanillezucker

Die Sahne mit den Zutaten sehr steif schlagen.
Den Tortenboden einmal durchschneiden und mit:

1/8 l naturtrüben Apfelsaft und
6 Esslöffel Amaretto tränken.

• Den Tortenboden mit 2/3 der Sahne füllen, zusammensetzen und die Torte rundum mit dem Rest der Sahne bestreichen.
• Mit Schokoladen-Spänen bestreuen.

Unser Leben war bestimmt von den Belangen der Bewirtschaftung eines Hofes.
Neben der täglichen Stallarbeit bestimmte der Jahreslauf unser Leben.
Im Frühjahr wurde gesät, es wurden die Zäune repariert, das Vieh kam auf die Weide, der Garten wurde vorbereitet.
Im Sommer war das Heu einzubringen, die Beeren und Früchte des Gartens wurden geerntet.
Der Herbst war die Zeit des Obstes, (oje, wir Kinder mussten das Fallobst aufsammeln …), des Schnapsbrennens und des Einmachens.
Im Winter war dann die „staade Zeit", die Zeit der Ruhe.
Mir scheint, es gab damals noch richtig Schnee, denn ich erinnere mich an meterhohe Schneewälle neben den Straßen.
Als sehr friedvoll erinnere ich mich an die Tage „zwischen den Jahren" – wie meine Mutter zu sagen pflegte, zwischen dem 24. Dezember und dem 6. Januar.
In dieser Zeit war bei uns Nichtstun, Ruhe, Pause, Urlaub.
Meine Eltern machten nur die notwendige Stallarbeit, dann versammelten wir uns am warmen Kachelofen zu einem guten Essen, zum Geschichten erzählen und zum Nichtstun.
Wir Kinder waren tagsüber viel im Freien beim Schlittenfahren und Skifahren.
Mein Vater hat uns das Skifahren auf einem Buckel neben dem Haus beigebracht – ohne Lift – was glauben Sie, wie wir durchtrainiert und fit waren!
Am Abend nach dem Essen war die Zeit des Spielens, gerne kamen die Babet, die Marie und der „Spez", Angestellte des Hofes, zum Halma, Mensch ärgere Dich nicht oder zum Kartenspiel wie Schafkopf und Wattn.
Diese Tage waren auch die Zeit der guten Düfte, des Räucherns.
Am Heiligabend wurde zum ersten Mal geräuchert.
In eine Pfanne füllte meine Mutter Sand und darauf glühende Kohlen aus dem Herd.
Mit einer selbst zusammen gestellten Mischung aus Myrrhe, Weihrauch, Rosenblättern und Lavendel, die sie über die heiße Kohle streute, wurde nun jeder Raum des Hauses beduftet und beraucht.
Es wurde damit das Haus gereinigt vom „Alten des Jahres" und vorbereitet auf das „Neue Jahr".
Den Abschluss der Rauhnachts-Räucherungen bildeten die Sternsinger. Sie kamen am Dreikönigstag, am 6. Januar zur Haustür, sangen vom Heiland, vom Stern zu Bethlehem, zeichneten mit Kreide den Segen K + B + M auf die Haustür und hinterließen somit ihre Segenswünsche für das kommende Jahr.
Diesen schönen alten Brauch gibt es auch heute noch in weiten Teilen unseres Landes.

Konnie`s Bratapfelkuchen

Für den Mürbteig:

250 g Mehl
125 g Butter
1 Ei
100 g Rohrohrzucker
1 Teelöffel Backpulver

Aus den oben genannten Zutaten einen Mürbeteig kneten und etwa eine Stunde im Kühlschrank zugedeckt ruhen lassen.

10-12 kleine Boskoop-Äpfel
1 Liter Sahne !!!
3 Päckchen Vanille-Pudding
150 g Rosinen
10 g gemahlene Mandeln

• Eine Springform mit 28–30 cm Durchmesser fetten und mit Semmelbrösel ausstreuen.
• Den Mürbeteig ausrollen und die Backform damit auslegen.
• Die Äpfel im Ganzen schälen und das Kernhaus ausstechen, die Äpfel dicht nebeneinander in die Backform richten, die Rosinen und Mandeln in die Höhlung der Äpfel geben.
• Mit der Sahne einen Vanillepudding kochen und sofort heiß über die Äpfel gießen.
• Den Kuchen bei 175 Grad im vorgeheizten Backofen etwa 60 Minuten backen und anschließend vor dem Anschneiden gut auskühlen lassen!

Bei diesem Rezept, das muß ich ehrlich gestehen, bin ich nochmals zu unserer Köchin Konnie gegangen und habe nachgefragt, ob wirklich 1 ganzer Liter Sahne verwendet werden muß – es ist so, mit weniger Sahne schmeckt er einfach nicht so gut! Probieren Sie es doch aus!

Bratapfel-Likör

• *2 kg Äpfel im Ganzen*, ungeschält in einen Bräter schichten und bei 180 Grad etwa 45 Minuten zergehen lassen.
• Die Apfelmasse in einen Entsafter füllen und
1 Liter naturtrüben Apfelsaft dazu gießen
und mindestens eine Stunde kochen, bzw. entsaften.
• Nach der Zeit den Saft ablaufen lassen.
Den fertigen Saft (je nach Sorte ergibt die Menge etwa 2 Liter) mit

300 g Zucker
1 aufgeschlitzten Vanilleschote
1 ganzen Zimtstange einmal aufkochen.

• Nach dem Abkühlen des Bratapfelsaftes 1 Liter Obstler dazu geben.
• Den fertigen Likör in Flaschen füllen und 6 Wochen im dunklen Keller lagern.
• In der Adventszeit servieren wir diesen Likör als Aperitif in Prosecco oder zum Plätzchenteller, angewärmt, in einer Likörschale mit einem Tupfer Schlagrahm – ein Traum!

Schokoladenbrot

von Anita Türk

250 g gute Butter
200 g Rohrohrucker
6 Eier
250 g geriebene Schokolade
250 g gemahlene Mandeln
100 g Dinkelmehl
1 Teelöffel Backpulver

• Alles in eine Schüssel geben und gut verrühren. Den Teig auf ein gefettetes Backblech streichen (oder auf ein Backpapier verteilen).
20 Minuten backen bei 180 C backen.
• Noch warm mit einem runden Ausstecher ausstechen, und mit Schokoglasur bestreichen und mit einer Mandel verzieren.
• Als kleine Variation kann man statt Mandeln, Kokosflocken und Schokolade auch weiße Schokolade verarbeiten.

I drah no durch!

von Anita Türk

I drah no durch,
es is wia a Fluach.
I drah mi do hi, umadum,
meisdens um mi saiba rum.
Es bleibd dabei,
i griag's ned auf d'Rei.
I ko's ned vasteh,
es is gor ned schee.
Warum oiwei i?
Jetzt bin i dann dahi!
Es liegd do,
und schaud mi o.
„Frieß – mi!" schreid's,
aba i daleids!
Mei Hand, si zuckt,
i wead varruckt.
Ko nix andas denga,
dua ma an Hois varrenga.
Warum quäl i mi a so?
Es machad mi do froh!
Na, i deaf's ned essn,
i muas vagessn.
Es lacht mi o,
a Schokolad is a no droh.
I wea no wuid,
da Keks is schuid.
Jetzt is weg,
a do varreck!
Wo is denn hi?
Ja moansd denn du, des war i?

Gini`s Apfelbrot

750 g Bio-Äpfel
250 g Zucker oder Rohrohrzucker
2 Teelöffel Zimt
200 g Mandeln oder Walnüsse
1 Esslöffel Obstler
1 Esslöffel Kakao
1 ½ Päckchen Backpulver
250 g Dinkelmehl
250g Weizenmehl

• Die Äpfel mit der Schale in etwa 2 – 3 cm gr0ße Stücke schneiden und mit dem Zucker und Zimt gut vermengen und 12 Stunden ziehen lassen.
• Nach der Ruhezeit die restlichen Zutaten dazu geben und gut vermischen.
• Eine Kastenform fetten und mit Semmelbrösel ausstreuen.
• Die Teigmasse einfüllen und im vorgeheizten Backofen bei 175 Grad etwa 75 Minuten backen.

Gini Rauner ist seit langen Jahren unsere Köchin und dieses Apfelbrot ist ihre Spezialität zum Weibamarkt und in der Adventszeit.

Schlussworte *(mit Eintragungen aus meinem Poesiealbum von 1967)*

Besonderer Dank gilt meinen Großeltern Maria und Johann Fürbeck, die wesentlich dazu beigetragen haben in meinem Leben Achtung und Respekt zu verankern und Wertschätzung den Dingen des Lebens gegenüber zu entwickeln.

Drückt dich einst in tiefer Brust
das harte Wort, „du mußt"
so macht dich eins nur still
das stolze Wort „ich will."

v. Deinem Oppa

7.1.67

Meine Großeltern & ich im Sommer 1964

Elisabeth

Zum Andenken.

Mögen Engel Dich behüten,
wenn wir auseinandergehn.
In der Heimat, in der Ferne,
wenn wir uns nicht wiedersehn.

Von deiner Schwester
Elisabeth.

den 22.1.1976

In liebevoller Erinnerung denke ich auch an Dich, liebe Elisabeth, es waren leider nur 26 Jahre in denen wir mit Dir leben durften – es waren schöne und intensive Zeiten, Du hast uns immer gezeigt, wo verlorene Dinge liegen geblieben sind. Du warst, obwohl die Jüngste von uns, mit Deiner Klarheit und Deiner Aufrichtigkeit eine meiner kraftvollsten Lehrerinnen.

Danke, danke, danke
allen voran Georg Pfeiffenthaler senior – mit Dir verbindet mich eine tiefe Freundschaft.
Marlies und Georg Pfeiffenthaler junior – schön, dass Ihr bei uns seid!
Danke Dir, Mutti – für Deine liebevolle Hilfe in allen Bereichen unseres Lebens.
Danke Dir, Vati – Du warst der beste Vater, den ich mir wünschen konnte.
Liebe Erika, Du bist die große Schwester für mich – unvergessen unsere Streifzüge durch Schwabing in den 70er Jahren mit all den Hippies und Blumenmädchen …
Danke, Manfred, dass Du Dein schweres Schicksal doch so geduldig erträgst und uns immer an die Vergänglichkeit des Lebens erinnerst.
Danke, Hubert, für Dein stets offenes Ohr für mich. Christine, Helene und Hubert junior – schön, dass es Euch gibt!

Carina Mertes meine Herzensschwester – mit Deinem klaren Verstand und Deiner Weisheit.. Du findest immer eine gute Lösung…
Martina Glatt – vergelt`s Gott – durch Dich habe ich die Liebe zu Kräutern, Göttinnen
und Kraftplätzen gefunden…Roma Amor!
Marosi – „du ju feel God?“
Die Inspiration zum Räuchern habe ich durch Dich wieder entdeckt, Gerda Vielhauer.
Anna Moser – Du hast mich an die Kraft der Gebete erinnert, danke!
Martina Raddek, Du meine liebe Freundin, Ratgeberin und Helferengerl – Danke!
Ach ja, Daggi – meine „Alchemilla- Ladnerin“ – wir kriegen das schon hin…

Simone Conen – schreib weiter und misch Dich bitte ein! Danke!
Ein besonderes Vergelt`s Gott an meine „Münchner Freunde“, Ihr alle habt mir „Euer München“ mit den vielen wunderschönen Plätzen, Kirchen, Wirtshäusern und Biergärten ins Herz gebracht…108!
Evi Hanna, der Olympiapark zur Lindenblüte ist immer eine Anreise wert – oder Passau!
Ursula und Manfred Kollnberger – fokussiert – schon passiert…danke!
Ursula Bresser, danke für die liebevollen
Hinweise…
Mädels – meine Mandala-Malgruppe – Christina, Anne, Sarah, Selina, Julia und Lea –
wir malen weiter – versprochen!

Besonderer Dank geht an all unsere Pfeiffenthaler-Wirtshaus-Mitarbeiter:
Lotar Eickenberg, Christine Singer, Christa Schweiger, Christine Koch, Christine Akpara,
Barbara Thanner, Betty Döllein, Stefan Riedl und Constantin Walter.
Auch an Euch, „meine Azubi`s“ Rebecca Feldt und Laura Decker – ich bin stolz auf Euch!
Konnie Kozala, Gini Rauner, Sylvia Buckreus – Ihr erprobt mit Engelsgeduld all meine Rezept-Ergüsse – Danke!
Dank auch an unsere Koch-Azubis Tobias Decker, Michael Dörrer und Andrea Neugebauer – Ihr macht das super!
Sylvia Holl, Tatjana Stukkert, Tine Irger, Amelie Kutschker, Daniela Woltron, danke für Eure Hilfe!
Uschi Stettner, meine treue Perle – danke für`s Ordnen des Chaos, für Deine Umsicht im Garten, bei den Spinnweben und überhaupt – vergelt`s

Gott für die jahrelange Treue und Freundschaft!
Hermine Woltron, meine liebe Nachbarin, danke für´s Schwammerl und Kräuter sammeln!
Meinem „Alchemilla-Stammtisch“ ein herzliches Vergelt`s Gott für die schönen und lustigen Abende!
Lieber Markus Dahlenburg – Du bist derjenige, der diese Zeilen in Form gebracht, die Fotos gemacht, das Papier ausgewählt und Nächte lang alles korrigiert hat – wunderbar. Ohne Dich wäre nur ein Faltblatt entstanden ...

Weibamarkt

Seit November 2003 findet bei uns im Gasthaus Pfeiffenthaler, im ganzen Haus und im Garten, zwei Mal im Jahr der Weibamarkt statt. Die Idee zu diesem Markt entstand bei einer Bergwanderung mit befreundeten Frauen.
Wir dachten laut über unsere weibliche Kreativität nach und über die Idee einer wirkungsvollen Darstellung unserer Produkte – so kamen wir auf den „Weibamarkt“!

Inzwischen hat sich der Markt im April und im November zu einer sehr stimmungsvollen, begegnungsreichen und gut besuchten Veranstaltung in Bad Feilnbach etabliert.
Wunderschönes Kunsthandwerk, Köstliches und Feines für jeden Geschmack, ein ausgefallenes Warenangebot in Verbindung mit Konzerten und Vorträgen erfreut die Besucher.

Danke an alle Frauen, die bisher an diesem kraftvollen und reichen Markt teilgenommen und diesen mitgestaltet haben!!!

Rita

Im Frühjahr 2001 beschlossen wir unser Service-Team zu erweitern. Es war an einem sonnigen April-Tag als wir unsere halbstündigen Termine zu den Bewerbungsgesprächen vergaben. *(Falls Sie auf die Idee kommen, sich bei uns im Gasthaus mal zu bewerben – hier ein kleines Geheimnis: Eine Bewerbung geht in unserem Hause nicht unter vier Augen – wie gewöhnlich, nein, da sitzen mindestens noch vier Augen, schön verteilt im Gastraum, die unauffällig mitschauen…)*

Wir, diesmal waren Lotar unser Oberkellner und Christine, meine Schwägerin, die Bewerter, waren eigentlich schon recht mutlos…

Den vorletzten Termin hatte Rita. Mit elegantem Schwung kam sie durch die Tür. Sie war sehr gut gekleidet, in Trachtenjoppe mit einem roten Halstuch, das blonde Haar schön geschnitten, dezent geschminkt…

Sie drückte mir sehr fest die Hand und sagte freundlich, aber bestimmt: „Nun stelle ich mich schon zum dritten Mal bei Ihnen vor – ich hoffe, diesmal wird`s was."

Mit diesen Worten nahm sie mir gegenüber Platz.

Sie erzählte mir, dass sie den Sommer über im Schwimmbad in Bruckmühl als Bademeisterin arbeiten würde, anschließend auf dem Rosenheimer Herbstfest wäre und die restliche Zeit bei uns sein könnte.
Ich schnappte kurz: *„Aber…“* Mehr konnte ich nicht sagen, da schlug Rita mit der Hand auf den Tisch und meinte: *„Aller guten Dinge sind Drei, dreimal stelle ich mich jetzt bei Ihnen vor, zweimal haben Sie mich schon weg geschickt – und jetzt sage ich Ihnen noch mal ausdrücklich:*
Ich möchte aber bei Ihnen arbeiten!“
Sie schlug noch mal zur Bekräftigung auf den Tisch – *„ich habe mir Ihr Haus ausgesucht, es gefällt mir am besten … ich werde bei Ihnen arbeiten, auf jeden Fall!“*

Ich war platt, sah aus den Augenwinkeln zu Christine und Lotar, die Beiden waren scheinbar mit dem Falten von Servietten beschäftigt…
„Ja, aber wir suchen jemand ganzjährig“ mein zaghaftes Argument.
„Dann nehmen`s halt noch eine Zweite dazu!“ kam es lapidar zurück.
So machten wir es dann und entschieden uns, auch die nächste Bewerberin, namens Barbara anzustellen.
Sie ist immer noch bei uns…
Rita leider nicht mehr, sie verließ am 8. Dezember 2007 diese Welt.

Mit Dir, liebe Rita, kam ein „Paradies-Vogel“ und eine „exzellente Schauspielerin und Sängerin“ in unser Wirtshaus. Schön wärs, wenn ich Dir mein Buch noch zeigen könnte – Du hättest bestimmt einen Jodler dafür übrig gehabt.

Du, unsere unvergessene Winterkellnerin – mit Deiner Vorliebe für nächtliche Scrabble-Spiele, Du fehlst mir. Wer, bitte, ist heute bereit, mit mir bis 6.00 Uhr früh die kniffligsten Wörter ausfindig zu machen? Wer findet nun heraus ob es die „Bön-Dynastie“ oder ein „ ich zög so gern nach München“ in der deutschen Sprache wirklich gibt? Wer, bitte, wickelt nun mit mir meterlange Kordeln für die Seifenkugeln – mitten in der Gaststube? Wer trällert lauthals eine alte Schnulze am Stammtisch? Wer strickt mir meine Trachtenstrümpfe? Wer gibt Strickmuster an unsere Gäste weiter?
Liebe Rita, „schee warn“ die 6 Jahre, Du bleibst immer in unseren Herzen!

Element Geist

Manchmal bin ich der Geist
Sehne mich nach Klarheit
Wende den Blick nie ab
Bin Antwort und Frage zugleich.

Manchmal bin ich geborgen
Im Reigen der Elemente
In widerstreitender Versöhnung
Selbst ein Element des Ganzen.

Alchemilla – ein Traum ging in Erfüllung

Im Juli 2007 eröffnete ich meinen Laden „Alchemilla“. Durch das Angebot von vielen kreativen Menschen gelingt es mir, eine reiche Auswahl an schönen, guten und heilsamen Waren anzubieten.
Der Laden ist somit ein kleiner Markt für heimische Köstlichkeiten, kreative Kunst, altes Handwerk und neue Ideen.

Ein weiteres Anliegen ist es mir, einen Raum zu schaffen für nette Gespräche, regen Austausch und einen Platz der Freude und Herzenswärme.
Was früher die kleinen Lebensmittelläden in jedem Dorf waren – das möchte ich im Alchemilla auf neue Art wieder beleben.

ALCHEMILLA
von Agnes Pfeiffenthaler

Pension

Gasthaus Pfeiffenthaler

Alte Traditionen mit Neuem zu verbinden, das ist unsere Philosphie im Gasthaus Pfeiffenthaler. Nicht stehen bleiben, sondern mit der Zeit gehen – in Achtsamkeit und Dankbarkeit den Vorfahren gegenüber, die dieses Haus erbaut und begründet haben.

Aus dem gegebenen Platz weiterhin etwas Gutes und Schönes entstehen und wachsen zu lassen – das ist uns allen ein wichtiges Anliegen.

Gebet

Auch abends wurde ganz selbstverständlich gebetet, hier ist mein Lieblingsgebet:

Abends wenn ich schlafen geh
14 Englein bei mir stehn
2 zu meinen Füßen
2 zu meinen Häupten
2 zu meiner Linken
2 zu meiner Rechten
2 die mich decken
2 die mich wecken
2 die mich weisen
in das himmlische Paradeisen.

Zum Weiterlesen/Quellenangaben:

Unsere Seminare & Veranstaltungen, Kräuterkurse, Salbenkochkurse, Schmuckkurse und viele weitere Angebote finden Sie unter:
www. pfeiffenthaler.de

Alle Marktfrauen mit ihren Herzensprodukten von unseren Weibamärkten beim Pfeiffenthaler finden Sie unter:
www.weibamarkt.de

Information zu **Bad Feilnbach** und zu unserem **Apfelmarkt** finden Sie unter
www.bad-feilnbach.de

Eva Aschenbrenner,
„*Der Kräutergang durch das Jahr*"; Kosmos-Verlag

Marlis Bader,
„*Räuchern mit heimischen Kräutern*"; Kösel-Verlag

Dr. Anja Maria Engelsing,
„*Homöopathie ganz weiblich*"; Haug-Verlag

Susanne Fischer-Rizzi,
„*Botschaft an den Himmel*"; Irisiana-Verlag und
„*Medizin der Erde*"; AT-Verlag

Luisa Francia,
„*Das magische Kochbuch*"; Nymphenburger-Verlag
www.salamandra.de

Martina S. Glatt,
„*Geschenke des Himmels und der Erde*"; Eigenverlag
www.alte-wege-neu-gehen.de

Siegrid Hirsch & Felix Grünberger,
„*Die Kräuter in meinem Garten*"; Freya-Verlag

Ulla Janaschek, Morag Mac Aulay,
Markus Reinheimer,
„*Kessel, Ofen, Feuer*"; Arun-Verlag

Margret Madejsky,
„*Alchemilla*"; Goldmann-Verlag

Elke Schubert,
„*Du musst viel öfter sagen was Du denkst, damit Du hörst, was Du weißt*"
www.weibamarkt.de

„*Das Bayerische Kochbuch*"; Birken-Verlag

Bezug von Kräutern, Tee und Räucherwerk:

Ilona Baur
Tee & Räucherwerk
www.chiemseer-kraeuterzauber.de

Maria Donhauser
Räuchermischungen und Keramik
www.artemisia-keramik.de

Evi Gampl
Bad Feilnbacher Heilkräutergarten, Räucherwerk und Heilpflanzen
www.gartenbau-evi-gampl.de

Herbaria Kräuterparadies;
hier beziehe ich meine Blüten, Kräuter & Wildkräuter
www.herbaria.de

Anke Pirchner
Livadi-Tee und Gewürze
www.livadi.de

Martina Raddek
Salbei, Zeder & Räucherfächer
www.artandheart.de

Gerda Vielhauer
100% naturreines Räucherwerk
www.gevis-oase.de

Texte und Rezepte lieferten:

Ringelblumen-Salbe und Text zur *Ringelblume*
Alexandra Alt & Gabi Streidl
alexandra.alt@gmx.de

Schamanischer Krafttrunk
Margaretha BLUE STAR Bakker
ohey-o@live.nl

Frauenmantel, Beifuß, Holunder und Heckenrose, Holunder-Märchen, Elfen-Kette
Simone Conen
simone.conen@web.de

Brombeer-Essig
Familie Dircksen, Wettringen

Lavendelsirup
Cornelia Fey
cornelia.fey@arcor.de

„Das ausgeblasene Licht"
Sigrid Früh aus dem Buch: „Rauhnächte";
Stendel-Verlag

Grüne Soße und Glücksbringer „Kokopelli" aus Ton
Gabriele Hinterseer
www.tonundkeramik.de

Metallobjekt *„Sonne"* von **Uwe Huber**,
Bildhauer, Tuntenhausen

Rezept einer besonderen Freundschaft
Carina Mertes

Leberknödel, Kürbissuppe und Fleischrezepte
Georg Pfeiffenthaler sen.
www.pfeiffenthaler.de

„Lebenselixier Wasser"
Martina Raddek
www.artandheart.de

Schokoladen-Engel-Bild und *„I war`s net“-Bild*
Anna Stuffer
www.pinselstrichundspitzefeder.de

„Hollatauch“, Senfrezepte und Kürbiskern-Ecken
Elke Trost
www.weibamarkt.de

Schokoladenbrot und das Gedicht:
„I drah no durch“
Anita Türk
www.pinselstrichundspitzefeder.de

Löwenzahn-Radi und Text zum *Löwenzahn*:
Jutta Wendland-Hüsing
www.heilpflanzenschule-rosenheim.de

Walnusstorte:
Anna Wieser,
Kuchen- und Partyservice, Rosenheim

Elemente:
unbekannter Autor

Bilder wurden zur Verfügung gestellt von:

Markus Dahlenburg
www.kunstwerk-md.de
Seite 4/5, 9, S. 11, 15, 23, 25, 26/27, 29, 33, 39, 40, 42, 45, 46, 47, 48, 53, 60, 63, 64, 67, 69, 70, 72, 73, 75, 76,79, 81, 83, 84, 85, 86, 88, 91, 93, 95, 97, 99, 100, 102, 105, 107, 110, 111, 118, 120, 121, 122, 123 unten,125, Umschlagseite vorne: Äpfel, Umschlagseite hinten, Illustration „Frau Perchta“

Martina S. Glatt
www.alte-wege-neu-gehen.de
Seite 3, 36

Evi Hanna, München
Seite 34

Annette Knell
www.bluetenseelen.de
Seite 20, 31, Umschlagseite vorne: Löwenzahn

Florian Sautter
www.inntal-werbung.de
Seite 12, 18, 50, 115, 122, 123, oben,Umschlagseite vorne: Kürbis

Elke Schubert
www.weibamarkt.de
Umschlagseite vorne: Winterhagebutten

Ursula Schwarzbauer
www.weibamarkt.de
Portrait auf Seite 5